SOCIÉTÉ GÉNÉRALE INTERNATIONALE DES NAUFRAGES.

TRAITÉ PRATIQUE

DES MOYENS DE SAUVETAGE,

CONTENANT DES DÉTAILS COMPLETS SUR L'EMPLOI DE LA

BALISTIQUE

DES PROJECTILES PORTE-AMARRES:

Bombes, Grenades, Fusées, Flèches, Grapins, etc.,

suivi

De l'exposition générale des inventions qui ont pour but de préserver la vie des naufragés, telles que *Bateaux, Radeaux, Bouées, Signaux, Matelas de Sauvetage, Nautiles, Explorateurs sous-marins*, etc.

TERMINÉ PAR DEUX TRAITÉS

SUR

L'ASPHYXIE PAR SUBMERSION

ET

LA PETITE CHIRURGIE DE BORD,

PAR

Cte Ate GODDE DE LIANCOURT,

Chevalier de plusieurs ordres, fondateur et Secrétaire-Général de la Société internationale des Naufrages, membre honoraire des Sociétés humaines de Bayonne et de Boulogne-sur-Mer, de l'Académie pontificale des Sciences, de l'Académie royale des Sciences et de la Société philodramatique de Barcelone, du Lycée naval de New-York; Correspondant de l'Université royale d'Athènes, de la Société [illegible] des Sciences de l'Aisne, des Sociétés libres d'émulation de Rouen, des Pyrénées Orientales, des Sciences et Arts de Calais, de [illegible] de Paris et de Marseille, de l'Académie de l'Industrie, des Sciences de la Rochelle, etc., etc

PARIS,

RUE NEUVE-DES-MATHURINS, 31.

CHEZ TOUS LES LIBRAIRES DE LA FRANCE ET DE L'ÉTRANGER.

1841.

PRÉSIDENT ET VICE-PRÉSIDENTS TITULAIRES.

PRÉSIDENT, LE MARÉCHAL, PAIR DE FRANCE, MARQUIS DE GROUCHY.

VICE-PRÉSIDENTS.

LE LIEUTENANT-GÉNÉRAL D'ARTILLERIE BARON DUCHAND.

LE GÉNÉRAL COMTE DE CHASTELLUX, ancien Pair de France.

LE VICE-AMIRAL LALANDE.

Secrétaire-Général, Directeur, CALLISTE-AUGUSTE GODDE-LIANCOURT.

CONSEIL SUPÉRIEUR.

Présidé par M. le Directeur, ou l'un des Présidents titulaires ou honoraires.
Comité des Constructions. Président: Amiral JACQUES BERGERET. — *Comité des Ar-*
mes. Président: Lieutenant-Général Comte BARROIS. — *Comité des Admissions.* Prési-
dent: Marquis D'ISOARD-VAUVENARGUES. — *Comité d'Hydrographie.* Président: Amiral
Comte DE LABRETONNIÈRE. — *Comité d'Asphyxie.* Président: Le Docteur LE ROY D'É-
TIOLLES. — *Comité d'Hygiène.* Président: Le Docteur PLISSON. — *Comité des Finan-*
ces. Président: DE SAINT-VINCENT. Vice-Président: Le Conseiller d'État MARTINEAU-
DES-CHESNETZ. — *Comité des Secours.* Président: Mgr DE BERVANGER (Prélat romain).
Comité de Publications. Président: DE SAINT-ANTHOINE. — *Comité des Récompenses.*
Président: Le duc DE RAUZAN. Vice-Présidents: Le Prince DE LA CISTERNE; le Duc DE
DOUDEAUVILLE.

STATUTS CONSTITUTIFS.

But de la Société.

1°. La Société est fondée dans le but de rapprocher les amis de l'humanité. — D'empêcher ou de prévenir les naufrages maritimes, et de secourir les naufragés, à
quelque nation qu'ils appartiennent. — La Société forme des établissements de sauvetage dans les ports principaux du Royaume; elle étend ses opérations de cette nature, dans les autres parties du monde, en raison du nombre de ses souscripteurs.
Elle a un agent spécial dans chacun des établissements de sauvetage.

[illegible]

2°. La Société se compose d'un nombre indéterminé de membres appartenant à toutes
les nations. — Pour faire partie de la Société, il faut en faire la demande et être reçu
après un rapport favorable.

Des Sections.

3°. Les membres de la Société sont divisés en Sections, selon la nation à laquelle ils
appartiennent. — Chaque Section aura des Présidents, des Vice-Présidents et un Secrétaire, pris parmi ses membres. — Les 1er Janvier, Avril, Juillet et Octobre de chaque
année, les Sections correspondantes adresseront au Conseil-Général un exposé de
leurs travaux et de l'état de leur situation. — Aucune dépense au-dessus de 100 fr.
ne doit être faite par une Section Française sans un avis du Conseil-Général. Dans le
budget annuel des dépenses, on fixera, d'après les recettes, les allocations qui devront être accordées aux différents Comités et aux Sections correspondantes, pour
remplir convenablement leurs services respectifs.

[illegible]

4°. Le Président de la Société, en son absence, l'un des Vice-Présidents, préside les
assemblées générales, dirige les débats, veille au maintien des Statuts, à l'exécution
des réglements. — Il a double voix dans le cas de partage. Il est élu pour cinq années
et peut être réélu.

Présidents honoraires.

5°. Le titre de Président honoraire ne sera accordé qu'aux personnes qui auront rendu
des services à la Société, ou qui pourront lui être utiles par leur influence ou leurs efforts. — Ils s'inscrivent pour la cotisation dans l'une des catégories de l'art. 10.

[illegible]

6°. Le Secrétaire Général est chargé de la correspondance générale, et des intérêts
financiers dont le tableau est approuvé chaque mois par le Conseil Supérieur; il con-
voque les assemblées, règle les ordres du jour, et nomme les employés de la Société.
Seul responsable.

Conseil Général à Paris.

7°. Le Conseil Général est présidé par l'un des Présidents titulaires ou honoraires
de la Société, il se compose de dix *Comités*: 1. Constructions de sauvetage; — 2. Armes
de guerre appliquées au sauvetage; — 3. Admissions; — 4. Hydrographie; — 5. Asphyxie; — 6. Hygiène; — 7. Finances; — 8. Secours; — 9. Publications; — 10. Récompenses. — Chaque *Comité* a un Président, un Vice-Président et un Secrétaire,
qui tous font de droit partie du *Conseil Supérieur.*

Séances du Conseil Général.

8° Le Conseil Général, sous la présidence exclusive du Président ou de l'un des Vice-
Présidents titulaires s'assemble tous les ans, au mois de Décembre, pour entendre les
rapports généraux et prendre les décisions nécessaires au service de la Société.

SOCIÉTÉ GÉNÉRALE INTERNATIONALE DES NAUFRAGES.

TRAITÉ PRATIQUE

DES MOYENS DE SAUVETAGE,

CONTENANT DES DÉTAILS COMPLETS SUR L'EMPLOI DE LA

BALISTIQUE

DES PROJECTILES PORTE-AMARRES:

Bombes, Grenades, Fusées, Flèches, Grapins, etc.,

suivi

De l'exposition générale des inventions qui ont pour but de préserver la vie des naufragés, telles que *Bateaux, Radeaux, Bouées, Signaux, Matelas de Sauvetage, Nautiles, Explorateurs sous-marins*, etc.

TERMINÉ PAR DEUX TRAITÉS

SUR

L'ASPHYXIE PAR SUBMERSION

ET

LA PETITE CHIRURGIE DE BORD.

PAR

Cte Ate GODDE DE LIANCOURT,

Chevalier de plusieurs ordres, fondateur et Secrétaire-Général de la Société internationale des Naufrages, membre honoraire des Sociétés humaines de Bayonne et de Boulogne-sur-Mer, de l'Académie pontificale des Sciences, de l'Académie royale des Sciences et de la Société philodramatique de Barcelone, du Lycée naval de New-York: Correspondant de l'Université royale d'Athènes, de la Société royale des Sciences de l'Aisne, des Sociétés libres d'émulation de Rouen, des Pyrénées Orientales, des Sciences et Arts de Calais, de Statistique de Paris et de Marseille, de l'Académie de l'Industrie, des Sciences de la Rochelle, etc., etc

PARIS,

RUE NEUVE-DES-MATHURINS, 31.

CHEZ TOUS LES LIBRAIRES DE LA FRANCE ET DE L'ÉTRANGER.

1841.

INTRODUCTION.

La Société des Naufrages est une institution d'intérêt général et d'honneur national.

LA REINE DE PORTUGAL.

DES MOYENS DE SAUVETAGE.

Avant d'entrer en matière et de présenter un ouvrage qui expliquera nos recherches pour arriver à la découverte ou l'explication des *moyens de sauvetage* les plus simples, les plus sûrs et les plus économiques, il faut nous hâter de dire que beaucoup d'hommes bien intentionnés ont proposé, à diverses époques, des plans de société, des moyens de secours aux naufragés et aux noyés qui attestaient leur esprit charitable et ingénieux.

Le siècle dernier a brillé par sa prévoyance. La France, l'Italie, l'Angleterre, la Hollande, l'Autriche, la Russie, la Chine ont donné une première et vive impulsion à ce genre d'institution. Vers l'année 1740, l'empereur Kien-Lung, et depuis son petit-fils Taou Kiwang, actuellement régnant, ont publié des statuts sur les secours à donner aux naufragés. (1)

Le service d'*asphyxie par submersion* fut créé à Paris en 1720.

En 1763, Pierre Franck publia un ouvrage sur les soins à donner aux personnes *submergées.*

Le Dr F. Vicentini, mit au jour un mémoire sur ce même objet en l'année 1768.

Les gouvernements de Florence, en 1773, de Bologne et Lucques, en 1773 et 1774, ont répandu d'abondantes instructions dans le but d'abolir les préjugés de l'ignorance qui rendait les *noyés* victimes de sa superstition.

On rapporte que le duc de Modène, assigna des récompenses *pécuniaires* et *honorifiques* aux *sauveteurs*, et multiplia en grande quantité l'ouvrage de *Gardane*, le meilleur traité d'*asphyxie* qui existât alors en France.

C'est à cette époque que parut à Hambourg la sage ordonnance sur *les secours à donner aux noyés*, ordonnance qui fit, que l'on sauva 85 *asphyxiés sur* 113, *dans les trois premières années.* Mais ce n'était encore, me disait mon excellent ami Pierre Manni, (2) de Rome, que l'enfance des *sociétés humaines.* Il était

(1) La Société doit à l'obligeance du savant GUTZ LAFF, son président de Section à Macao (Chine), depuis 1835, de posséder une copie en chinois de ces statuts qu'elle publiera.

(2) Auteur du Manuel pratique pour l'administration des secours aux noyés. (Naples 1835).

réservé à Amsterdam de fonder un établissement régulier qui renfermât tous les moyens de sauvetage inventés antérieurement à 1767.

La Société d'Amsterdam est donc la mère de toutes les institutions qui se sont organisées plus tard dans les autres contrées du globe.

La Hollande et Naples ont été les berceaux des *Sociétés humaines* au XVIIe siècle. Venise, Milan, Padoue, possédèrent, bientôt après, leurs institutions charitables.

L'impératrice Marie Thérèse, *la protectrice du peuple*, publia une ordonnance, qui porte la date de 1769, pour prescrire la nature des secours à donner aux *noyés*; mais ce fut seulement en 1803 que l'Autriche posséda un établissement complet.

En France, l'immortel Pia fit entendre sa grande voix, vers 1770, en faveur d'une croisade de charité pour les *noyés*; l'entraînement fut si unanime, que le gouvernement de l'époque ordonna aux curés de lire tous les dimanches dans les églises les prescriptions médicales pour les *asphyxiés par submersion*.

Il faut que les temps aient bien changé pour que le *Journal du Ministère de la marine, les Annales maritimes* ne relatent pas même aujourd'hui les travaux de la *Société générale des Naufrages*. C'est l'effet de l'empire bureaucratique qui se substitue dans tous nos ministères à celui des chefs responsables.

Le docteur Hawes fonda la *Société royale humaine* à Londres, en 1774. Il est intéressant de voir partout les médecins marcher à la tête du progrès. En 1775 on organisa à Dieppe un service de secours aux *noyés*.

La *Royal national humane Society* fut fondée en 1824.

Dans l'année 1805, Pechen, Conseiller d'État, publia une instruction pour secourir les *asphyxiés*; le gouverneur militaire de Moscou en fit imprimer et distribuer mille copies.

L'exemple du généreux Pechen fut imité en Pologne, dans toute la Russie, le Danemarck, la Suède, les États-Unis d'Amérique.

Dès ce moment, on s'occupa sérieusement de l'état des *asphyxiés*, des *noyés*, et des *naufragés*.

La *Société humaine* de Boulogne s'organisa en 1824; celle de Bayonne en 1834, par les soins de M. A. Darmautier; celle de Dunkerque en 1834, par M. Carlier; celle de Dieppe en 1835, par M. le docteur Navet; puis celle de Calais fut fondée le 22 août

1834, par M. Leveux, maire de Calais, et cinq autres honorables citoyens, parmi lesquels un gentilhomme anglais.

A Paris, le docteur Marc s'occupait alors des secours aux *noyés*, avec mission et rétribution spéciales pour ce service important. Cet homme n'avait malheureusement pas une assez forte dose de feu sacré dans l'âme ; il publia un immense ouvrage de 500 à 600 pages inabordable *aux sauveteurs;* les *boîtes de secours*, dont il avait l'inspection, restèrent dans un état d'inexplicable désordre.

Sur ces entrefaites, nous avons fondé la *Société Générale internationale des Naufrages*, comme centre vers lequel viennent irradier tous les points de la circonférence représentés par d'innombrables annexes. Ce n'est qu'en faisant concourir ainsi tous les peuples à leur bien-être commun, au moyen de cette sainte alliance, que les *Institutions de sauvetage* deviendront un grand œuvre d'utilité sociale. (1) Le problème semble déjà résolu, malgré le manque d'appui qui fait toujours défaut chez nous à ce qui n'émane pas du pouvoir ; et parce que le pouvoir lui-même est devenu un composé de passions mesquines et étroites, envahi par la bureaucratie subalterne !

Il n'existe sur les côtes maritimes de France aucun établissement de sauvetage entretenu par l'État ; et cependant le budget de la marine s'élève en 1842 à plus de 127,000,000 fr. !

Serait-ce donc s'imposer une mission peu importante que d'aller placer le pavillon du sauvetage des malheureux naufragés, sur les points dangereux de son propre pays ! et la France saurait-elle s'honorer aux yeux des autres nations par une plus belle initiative ?

Que l'État fasse de grands sacrifices pour les travaux hydrauliques, les digues, les constructions navales, rien de mieux ; mais à côté de ces magnifiques dépenses, oublier que *le personnel* et *le matériel* naval sont exposés, d'une minute à l'autre, à venir se briser à la côte, c'est de la barbarie !

Tout-à-l'heure vous voguiez près du rivage, sur un superbe navire ; le temps change ; la tempête s'élève, elle vous jette sur les rescifs, et quand le flot vous a porté à terre, si la Providence

(1) On verra successivement aux articles *Signaux, Balisage*, etc., que les Sociétés isolées ne pouvaient jamais atteindre leur but que d'une façon toute privée et particulière, sans une institution qui généralisât leurs efforts en leur donnant en même temps une constante et vive impulsion.

vous sauve la vie, vous n'y trouvez dans beaucoup de localités, que la rapine et le brigandage organisés; pas un abri, pas une barque pour vous protéger... en 1841!

La France possède 225 bâtiments, vaisseaux, frégates, corvettes, vapeurs armées, et pas une seule *embarcation de sauvetage* pour le service du bord, pendant une tempête... Les prévisions du budget ne s'appliquent strictement qu'à la conservation de la matière.

Ce qui est existant sur la côte, et en fonction, émane presque directement de la Société Générale, de ses ressources puisées dans le sein de la bienveillance et de la charité publiques. (1)

La *Société Générale Internationale* a distribué, depuis 1835, 5 *médailles d'or*, 40 en *vermeil*, 113 en *argent*, 39 en *bronze*, et 1,160 *diplômes de sauveteur* à 1,357 personnes réparties dans vingt nations: l'Afrique française, l'Angleterre, l'Allemagne, l'Autriche, la Belgique, la Chine, le Danemark, l'Espagne, les Etats-Unis, la France, le Mexique, Naples, le Portugal, la Prusse, Rome, la Russie, la Sardaigne, la Suède, la Suisse.

Elle a fait circuler dans le monde entier 21,000 lettres écrites à la main;—livré à l'impression et distribue, environ 1,200,000 pages avec gravures, pour répandre et propager la connaissance de ses travaux dans l'intérêt des malheureux naufragés.

La *Société Générale* est loin encore d'être à son apogée; elle est debout devant les difficultés, devant les compagnies d'assurance, dont l'avarice sordide, l'esprit suspicieux, dont la sécheresse de cœur et l'athéisme sont au comble; qui demeurent froides et impassibles spectatrices d'affreux désastres préparés par elles-mêmes et à leur profit, et comme un perpétuel outrage à la morale; devant l'administration de la marine qui ne veut pas se mettre en mesure de combler une lacune déshonorante pour elle.

21 départements français ont un littoral baigné par les eaux de la mer, et une population maritime de près de 10 millions d'âmes, un budget de marine s'élevant à plus de 127 millions, et sur cette somme énorme dont les sinécures absorbent plusieurs centaines de mille francs, il n'y a pas *mille écus* pour les

(1) Nous serions injustes de ne pas rendre hommage aux bienveillantes dispositions de l'amiral Duperré, convenablement secondé par la direction des ports du ministère de la marine française. L'un et l'autre font d'honorables efforts qui finiront probablement par entraîner toute l'administration.

Sociétés humaines (1) ! Avec 150,000 fr., pris sur les sinécures, voici ce que l'on pourrait faire :

La moyenne des sauvetages s'élève, au minimum, à 10 en un an par chaque établissement bien tenu, ce chiffre ressort des faits observés en Angleterre, en Belgique, en Hollande, en Amérique, où les *Sociétés humaines* sont entretenues par les crédits que la législature leur accorde. Or, la somme de 150,000 fr. permettrait de créer et d'entretenir, pendant 15 ans, 15 établissements complets qui sauveraient 150 personnes, ou 22,500 en un siècle !

Les 40 établissements qui fonctionnent en Europe et en Amérique, sauvent 440 personnes par an ; 44 mille en cent ans. La *Société Royale humane* de Londres, qui ne fait pas de cours sur les soins à donner aux noyés, a préservé la vie à 5,000 personnes dans l'espace de 35 ans, soit 145 environ par an ; avec les cours publics sur le sauvetage, on peut tripler ce chiffre et le porter à 435 par an, ce qui donnerait pour les 40 établissements, 17,400.

Par bonheur pour l'humaine espèce, il y a des cœurs sensibles et généreux qui s'élèvent à mesure que les autres s'abaissent ; car autrement ce serait à désespérer de cette civilisation si mal secondée dans son élan par une foule d'audacieux pamphlétaires qui la déshonorent.

La *Société Générale des Naufrages* est de la plus haute importance pour les gouvernements ainsi que l'a si admirablement exprimé S. M. le Roi de la Grèce. En effet, quoi de plus intéressant qu'une institution qui rapproche et réunit dans une même pensée de confraternité et de charitables sentiments, un concours immense de personnes appartenant à vingt nations et dont plusieurs diffèrent profondément entr'elles par la religion et les mœurs ? et parmi lesquelles la société a l'honneur de compter neuf têtes couronnées, vingt Altesses Impériales et Royales, douze cardinaux, huit maréchaux, soixante-cinq Ministres d'État et Ambassadeurs, trente-cinq Amiraux, quatre archevêques, vingt-cinq évêques, cinquante-quatre Lieutenants-Généraux de toutes armes !

Grâce à notre sainte propagande qui a franchi tous les espaces pour étendre sa sollicitude à tous les peuples maritimes

(1) Les Communes d'Angleterre ont donné 100,000 fr., celles de Belgique 22,000 fr. pour les établissements de sauvetage.

dont l'oreille peut entendre les rugissements de la mer, nous avons rencontré d'augustes et de réelles sympathies... Aussi notre âme retrouve-t-elle la plénitude de son énergie quand il s'agit de faire passer ses convictions dans l'esprit des autres hommes.

Il fallait qu'on vînt, nécessairement, sanctifier l'entreprise et les succès de la *Société générale des Naufrages* quand on vit, en 1840, les bateaux de salut de cette institution sauver des navigateurs à la place où les corsaires africains égorgeaient nos braves matelots du commerce en 1829 !

Où est l'homme sensé sur la terre qui ne se ralliera pas à la bannière sacrée qui précède le pas du successeur de Saint-Augustin sur la terre d'Afrique (1) ! Où est l'homme de bien qui ne cherchera point à fortifier cette généreuse institution qui fait du Cabaïle un *sauveteur* dont le dévouement fera bientôt rougir un Breton?

La *Société générale Internationale* est un foyer où doivent aboutir les travaux des autres Sociétés, où les inventions reçoivent des perfectionnements, des encouragements distribués sous le patronage des gouvernements, et d'un aréopage choisi parmi vingt peuples divers; aréopage le plus élevé, le plus imposant par la science et le dévouement qui ait jamais existé !

Admirable Société humaine qui a planté son drapeau aux mille couleurs sur les bords de la Seine et dans la mer de Chine ; à l'île de Wight (2) et sur le golfe Persique ; dans l'Atlantique, la Méditérannée et la mer Caspienne ; sur les bords de la Plata, et dans le golfe Mexicain ; sur le Nil et le Bosphore !

Ç'a été une belle et majestueuse révolution que la *conversion des armes de guerre en moyens de salut*; ce sera un magnifique spectacle que de voir toutes les flottes qui sillonnent les mers, emportant avec elles le noble pavillon du *sauvetage* sur tous les points du globe où le soleil éclaire leurs conquêtes.

---

(1) Monseigneur l'évêque d'Alger est président de la Section centrale de la Société à Alger.

(2) La Société générale a fondé 3 cours en 1840, à Londres, l'île de Wight et Hull.

PIECES JUSTIFICATIVES ET HISTORIQUES

PAR ORDRE DE DATE, DE LA FONDATION,

DE LA

SOCIÉTÉ INTERNATIONALE

EN FAVEUR DES NAUFRAGÉS.

PRÉSENTATION DE LA SOCIÉTÉ AU ROI DES FRANÇAIS.

Le premier janvier 1836, j'ai eu l'honneur, en ma qualité de Fondateur de la Société, de présenter au Roi des Français le Conseil Supérieur, à la tête duquel se trouvaient les braves amiraux J. BERGERET, et Sir SIDNEY SMITH. L'amiral anglais porta la parole, et le Roi LOUIS-PHILIPPE lui fit la réponse suivante :

«Mon cher Sir SIDNEY, je suis bien aise de vous voir à la tête d'une Société aussi éminemment utile, je ne doute pas après ce que je viens d'entendre, que ses travaux ne soient très profitables à l'humanité. Continuez la tâche que vous avez commencée, et la Société peut compter sur toute mon assistance. »

2e PRÉSENTATION AU ROI DES FRANÇAIS.

Le premier mai suivant, M. l'amiral LALANDE, présenta la députation du Conseil au Roi LOUIS-PHILIPPE. Après que l'amiral eut exposé les travaux de la Société, Sa Majesté s'exprima ainsi :

« M. l'amiral, je vous revois avec bien du plaisir, et je vous félicite de la persévérance que vous mettez à suivre vos nobles et utiles travaux. J'ignorais qu'il existât des moyens de sauvetage sur les côtes de l'empire de Maroc, car je croyais que la philantropie s'arrêtait à ce rivage. Je suis aussi agréablement surpris que touché de tout ce que je viens d'entendre. »

En prononçant ces paroles, le Roi se tourna vers M. Godde de Liancourt, fondateur de la Société, qui dit à *Sa Majesté*: « Sire, je suis heureux de vous faire connaître la nouvelle officielle, d'après une lettre que m'a écrite le ministre de Maroc, à Londres, il y a trois jours, que l'Empereur a ordonné de porter secours aux marins en danger sur les côtes de son empire, et de traiter humainement les naufragés de toutes nations, sous peine d'encourir sa disgrace. »

« Il n'y aura donc plus d'esclaves ! répliqua le ROI : j'ignorais totalement cette nouvelle. *C'est le plus beau bouquet*, Messieurs, *que vous puissiez m'offrir le jour de ma fête*.

SECTION ROYALE PORTUGAISE.

Ordonnance royale.

La Société Générale des Naufrages et de l'Union des nations, ayant fait parvenir au ministre, par la voie du gouverneur de la place Saint-Julien de la Barre, Jao da Matta Chapuzet, un exemplaire des Statuts;

Sa Majesté la REINE ordonne que cet exemplaire soit remis à l'association commerciale de Lisbonne, l'invitant à aider la susdite Société de ses lumières et connaissances pratiques, ainsi qu'à concourir avec ledit gouverneur, pour l'établissement, entre nous, d'une Association correspondante, dont le but est si utile et si philantropique, afin de contribuer à la diminution des naufrages, ou du moins de leurs terribles effets, soit en donnant des secours aux marins en danger, soit en sauvant les naufragés au moyen de *bouées de sauvetage*, ou à l'aide de marins hardis et exercés, qui, encouragés par des récompenses convenables, peuvent risquer un si dangereux service. Sa Majesté la REINE espère que l'*Association commerciale*, animée, comme elle l'est, de patriotisme, prêtera l'attention que mérite un établissement d'intérêt général et d'honneur national, qui a d'ailleurs tant de rapports avec la prospérité du Commerce et de la Navigation.

Château de Ramalhao, 14 septembre 1835.

LA REINE,
Signé: RODRIGO DA FRONSECA MAGALHAES,
Ministre de l'Intérieur.

SECTION ROYALE D'ESPAGNE.

Quartier général de l'armée de Catalogne, le 19 octobre 1835.

M. Godde de Liancourt,

J'ai eu l'honneur de vous annoncer par ma lettre du 10 novembre dernier, que j'avais fait parvenir aux augustes mains de S. M. la REINE Régente d'Espagne, le diplôme que la *Société Générale des Naufrages* m'avait transmis, et qui contenait l'admission de S. M., au nombre de ses membres protecteurs.

En conséquence de cet envoi, S. E. Monseigneur le Président du Conseil des Ministres d'Espagne, Secrétaire d'État au département des affaires étrangères, Don Juan Alvarez y Mendizabal, m'écrit en date du même mois de novembre, la lettre officielle dont la teneur suit:

« Excellence, j'ai donné connaissance à S. M. l'Auguste REINE Régente, » de la dépêche de V. E., du 10 courant, à laquelle était joint le diplôme de » la *Société Générale des Naufrages* délivré en faveur de S. M., comme un « de ses membres protecteurs. S. M. a agréé, avec une estime toute particu- » lière, ce témoignage obligeant des sentiments de la Société à son égard, et » elle veut que V. E. lui en fasse les remercîments les plus vifs en son nom » royal, l'assurant que le constant intérêt et la bienveillance de S. M., se » joindront toujours au prix qu'elle attache à son souvenir et au but d'huma- » nité qui fait le digne objet de l'institution, dès qu'il s'agira de contribuer » aux progrès et à la splendeur de celle-ci. »

» Par ordre de S. M., j'en fais part à V. E., pour son intelligence et pour » les effets ci-dessus indiqués. »

Je vous le transmets afin que M. le Secrétaire-général puisse le faire connaître à l'illustre Société, et que celle-ci soit instruite du plaisir avec lequel S. M. a daigné admettre le Diplôme.

Votre tout dévoué,
ESPOZ Y MINA, Président d'Honneur de la Société.

M. Godde de Liancourt,

J'ai lu avec la plus scrupuleuse attention votre travail sur *la conversion des armes de guerre en moyens de sauvetage*, et je me plais à vous témoigner toute la satisfaction que cette lecture m'a fait éprouver.

La *Société Générale des Naufrages* est la plus belle institution philantropique dont le siècle puisse se glorifier, et votre ouvrage, la plus intéressante production de l'esprit dont l'humanité puisse tirer parti.

Continuez, Monsieur, la noble tâche que vous avez entreprise et comptez que mes vœux et ma protection ne vous abandonneront jamais.

FRANÇOIS DE PAULE DE BOURBON.

Paris, ce 19 février 1840.

SECTION DE SUÈDE ET NORVÈGE.

Stockholm, 30 décembre 1836.

« Monsieur Godde de Liancourt,

» L'amiral comte de CRONSTED m'a présenté, il y a peu de temps, la lettre que vous m'avez adressée ; en vous remerciant de m'avoir mis à même d'apprécier votre association philantropique, je vous annoncerai que nous possédons déjà en Suède trois institutions à peu près semblables.

« J'ai donc chargé le comte de Cronsted, président de l'administration de la marine, de vous faire connaître l'organisation de nos institutions, et de vous communiquer les renseignements que vous jugerez utiles au but de vos Sociétés, en leur souhaitant toute sorte de succès.

» Votre très affectionné, CHARLES JEAN. »

SECTION DE L'INDE.

Zanzibar (Mascat), 1er juillet 1839.

« Monsieur le Secrétaire-Général-Fondateur,

» J'adresse mes vœux au ciel pour que Dieu vous conserve en bonne santé et prospérité.

» J'ai reçu la lettre que vous m'avez adressée avec le diplôme de Protecteur de la *Société Générale des Naufrages;* je comprends parfaitement la nature de votre institution, et ce sera toujours un bonheur pour moi de profiter de l'assistance divine pour protéger et secourir par tous les moyens possibles les marins de toutes les nations qui viendraient à naufrager dans l'étendue de mes états.

» Adressez-moi toutes les demandes quelconques relatives à cet objet, et vous me trouverez toujours disposé à les accueillir avec le plus grand plaisir.

» Votre affectionné, SEYED SAIED BEN, SULTAN. »

SECTION DE ROME.

Rome, 18 novembre 1839.

« Monsieur Godde de Liancourt, Secrétaire-Général-Fondateur,

» Je suis très flatté de l'honneur que vous m'avez fait en me chargeant, par votre lettre du 8 octobre dernier, de déposer aux pieds du trône de S. M., votre rapport imprimé sur la *conversion des armes de guerre au moyen du sauvetage.*

» Je puis vous assurer que *Sa Sainteté* a agréé avec bien du plaisir l'hommage du rapport et qu'elle apprécie beaucoup tous les bienfaits que la *Société charitable des Naufrages* est appelée à rendre à l'humanité.

» Je vous remercie particulièrement, Monsieur le Secrétaire-Général, de votre amabilité à mon égard, vous priant d'en recevoir mes plus vives actions de grâce.

» Votre très affectionné,

» A. D. Cardinal GAMBERINI, Ministre d'État de l'intérieur. »

SECTION DE WURTEMBERG.

Stuttgard, le 26 novembre 1839.

« Monsieur le maréchal marquis de Grouchy,

» C'est avec bien du plaisir que j'ai reçu la lettre que vous m'avez adressée en date du 6 de ce mois, et avec laquelle vous m'avez fait parvenir un exemplaire du journal de l'année 1838 de la *Société générale des Naufrages, dans l'intérêt de toutes les Nations.* En vous témoignant toute ma reconnaissance pour cette aimable attention de votre part, et en appréciant parfaitement l'utilité et le noble but de la Société que vous présidez, je saisis volontiers cette occasion pour vous donner l'assurance de mes sentiments les plus bienveillants.

» Sur ce, je prie Dieu qu'il vous ait, Monsieur le maréchal marquis de Grouchy, en sa sainte garde.

» Signé, GUILLAUME. »

» Par le roi, Le Secrétaire-d'État, Signé VILLENAGEL. »

SECTION DE PRUSSE.

« Monsieur le maréchal,

» J'estime hautement les travaux et les vues infiniment philantropiques des membres de la *Société Générale des Naufrages* que vous présidez, et j'espère que sous la protection de mon frère le prince HENRI de Prusse, ils seront appréciés dans l'étendue de mes États autant que par les autres nations de l'Europe.

» L'envoi du rapport de M. GODDE DE LIANCOURT sur l'application de quelques armes de guerre au sauvetage des navires m'oblige particulièrement envers vous: *les idées qu'il renferme étant dignes, au plus haut degré, de toute l'attention des gouvernements.* Veuillez donc recevoir, en cette occasion, avec l'expression de toute ma reconnaissance, celle de la parfaite estime avec laquelle je suis, Monsieur le maréchal,

» Votre très affectionné, FRÉDÉRIC-GUILLAUME. »

Berlin, le 18 décembre 1839.

SECTION ROYALE DE NAPLES ET SICILE.

« Monsieur le Secrétaire-Général,

» J'ai la satisfaction de vous annoncer, en réponse à votre lettre très obligeante du 28 mai dernier, que S. M. le Roi mon maître a accueilli très favorablement la demande que la *Société Générale des Naufrages* lui a adressée par l'organe de S. E. le maréchal de France, marquis de Grouchy. Et je dois ajouter que S. M., désireuse de placer son nom parmi les membres de la Société, a chargé son ministre à Paris de soigner la souscription dans la classe des Protecteurs.

» C'est avec empressement que je saisis cette occasion de vous témoigner l'assurance de ma considération la plus distinguée.

» *Signé*, N. SANTANGELO, Ministre Secrétaire d'État de l'Intérieur.»

Naples, 10 décembre 1830.

EMPIRE DE RUSSIE.

S. M. NICOLAS 1er, Empereur de toutes les Russies, Roi de Pologne, a fait remettre à M. Godde de Liancourt par son ambassadeur près S. M. le Roi des Français, au mois de mars 1840, une bague en diamants du plus grand prix, comme témoignage de sa haute estime pour les travaux du Secrétaire-Général-Fondateur de la *Société internationale des Naufrages*.

SECTION ROYALE DE GRÈCE.

A Monsieur le maréchal marquis de Grouchy, président de la Société internationale de Sauvetage.

« Monsieur le Maréchal,

» Une institution aussi philantropique que la *Société internationale de Sauvetage*, dont vous êtes digne Président, ne saurait manquer de m'inspirer le plus vif intérêt. C'est donc avec un véritable plaisir que j'accepte la proposition que vous m'avez faite de m'inscrire au nombre de ses *Protecteurs*, et j'éprouve une satisfaction d'autant plus grande à pouvoir contribuer à ses succès, que j'applaudis à la noble idée qui y domine de réunir par les sentiments de philantropie les habitants des différentes contrées de notre globe. Puisse cette direction, qui n'a pour but que le bien des hommes indistinctement et de quelque pays qu'ils soient, se développer de plus en plus! direction qui pourrait même exercer une influence salutaire sur les relations politiques entre les différentes nations! Mon ministre de la marine a déjà reçu les ordres nécessaires de seconder la formation d'une *commission* qui puisse se mettre en relation avec le *Conseil général de la Société*, et lui faire parvenir tous les renseignements qui peuvent entrer dans son but. Désirant, de plus, donner au généreux fondateur et Secrétaire-Général de la Société, M. Cte-Ate Godde de Liancourt une marque de mon estime particulière, et en même temps vous prouver le cas que je fais de votre recommandation, je lui ai conféré la croix d'argent de chevalier de mon ordre royal du Sauveur.

» Recevez, Maréchal, les assurances de ma considération la plus distinguée.

Athènes, le 22 mars — 3 avril 1840. « Signé OTHON. »

A Monsieur Godde de Liancourt, Secrétaire-Général de la Société internationale de Sauvetage.

« Monsieur le Comte,

» J'ai reçu avec plaisir la lettre que vous m'avez adressée conjointement à votre ouvrage sur la *conversion des armes de guerre en moyens de salut*, et j'ai éprouvé une vive satisfaction en reconnaissant dans ce travail ingénieux le zèle philantropique qui vous anime. Appréciant vos efforts pour le bien universel et les services signalés qu'en qualité de *fondateur* et de *Secrétaire-Général de la Société internationale de Sauvetage* vous avez rendus à l'humanité, il m'a été agréable de vous conférer, comme marque de mon estime, la croix d'argent de chevalier de mon ordre royal du Sauveur.

» Recevez, Monsieur, l'assurance de ma bienveillance toute particulière.

Athènes, le 22 mars — 3 avril 1840. « Signé OTHON. »

SECTION I. ET R. DE TOSCANE.

S. A. I. et Royale le Grand Duc de Toscane a daigné se faire inscrire au nombre des *protecteurs* de la Société, dans le mois d'octobre. En conséquence tous les ordres nécessaires à la fondation d'une Section correspondante ont été transmis à Livourne où M. le comte Larderel a été proclamé et reconnu président.

M. Godde de Liancourt est allé en personne, au mois de septembre 1840, conférer avec S. A. I. et Royale, qui daigna lui donner audience, de tous les détails et les avantages d'un service de sauvetage aujourd'hui réalisé.

SECTION MEXICAINE.

Au Prince Massena, 1er Président d'Honneur.

La lettre que V. E. m'a fait l'honneur de m'adresser le 29 novembre 1838, m'instruit que la Société Générale des Naufrages, dont V. E. est le digne président, se propose d'appliquer ses moyens de sauvetage aux côtes du Mexique, et qu'aussitôt qu'elle recevra l'autorisation nécessaire du gouvernement de cette république, elle dirigera un de ses agents, pour conclure un objet si important à l'humanité.

Je me mettrai d'accord avec la société dès l'arrivée de l'agent-général dont vous avez eu la bonté de me parler, pour arriver aux moyens d'encourager une institution dont l'intérêt de l'humanité est le but exclusif.

Je suis bien flatté de ma nomination honorable de protecteur d'une société aussi philantropique, et très reconnaissant par rapport aux idées que V. E. s'est formée de mes sentiments pour le projet des arts et des sciences qui tendent à resserrer les liens entre les nations éclairées.

Daignez agréer, etc.

Mexico, le 4 avril 1839. ANASTH. BUSTAMANTE.

SECTION D'ALGER.

Mgr. l'évêque d'Alger, à M. Godde de Liancourt, Secrétaire-Général.

Alger, 14 juin 1841.

Mon excellent ami,

Puisque vous me permettez de vous appeler à toujours de ce nom, qui résume à lui seul, de la plus douce et moins incomplète façon, les sentiments que je vous ai voués, j'aurais un vrai volume à vous écrire au sujet de vos dernières lettres, de vos envois, de notre œuvre qui m'est d'autant plus chère, qu'elle est encore moins comprise. C'est pourtant impossible aujourd'hui, où il me faut adresser au roi un Mémoire fort grave sur mes échanges et dernières relations avec l'Emir et ses Arabes; et aux différents ministères, toutes sortes de lettres. Mais, je vous promets que ce sera bientôt, par le prochain courrier, si c'est possible... Je veux suivre votre excellente idée, et publier un Mandement qui pourra avoir quelque retentissement au loin.

Grâce à Dieu ! dans ce merveilleux échange, j'ai rendu la liberté, la vie à un certain nombre de marins tombés au pouvoir des Kabyles ou des Arabes, à la suite des divers naufrages; notamment au cap Matifoux et aux environs de Cherchell; et, en ce moment même, j'attends le retour du capitaine d'un bâtiment de commerce jeté à la côte, et qui doit m'être rendu avec le capitaine Morisot du 3e léger. La plupart des naufragés étaient Sardes et Toscans, étrangers enfin; quelques Français parmi lesquels un négociant d'Alger, fort intéressant, avaient été capturés en même temps.

Adieu, adieu déjà..., je suis presque émerveillé d'avoir pu vous écrire ces quelques lignes si pressées; qu'elles aillent vite vers vous, vous porter le nouvel hommage de tous mes sentiments les plus respectueux, les plus reconnaissants, les plus affectueusement et irrévocablement dévoués.

Le président de la section centrale d'Alger, Ev. D'ALGER.

SECTION SARDE.

« Monsieur le maréchal de Grouchy,

» J'ai reçu la lettre que vous avez bien voulu m'adresser, et j'ai lu avec une vraie satisfaction, celle par laquelle Monseigneur l'évêque d'Alger vous a donné la nouvelle du rachat des naufragés, qu'il a délivrés de l'esclavage, et qui ont dû ainsi la liberté et la vie à ce digne prélat. J'avais déjà appris avec beaucoup d'intérêt, la fondation de la bienfaisante association dont la présidence vous est dignement confiée, mais cet intérêt vient de s'accroître encore de tout celui que commandent les services qu'elle a rendus récemment en Afrique; et j'ai pris une part d'autant plus vive à la nouvelle de ce bienfait, qu'il a été partagé par quelques-uns de mes sujets.

En vous exprimant ces sentiments, Monsieur le marquis, il m'est bien agréable de vous assurer de mon estime, et en même temps, je prie Dieu qu'il vous ait en sa sainte garde.

Raconis, ce 15 juillet 1841. « Signé C. ALBERT. »

Va et vient établi d'un navire à terre et de terre avec le navire, au moyen du *Grenadier de Sauvetage*.

Le Grenadier de sauvetage, inventé par M. Godde de Liancourt, se vend à Marseille (Bouches-du-Rhône), chez M. Georges Zaoué, arquebusier, rue Royale, breveté du Roi et seul commissionné par le Conseil de la Société Générale des Naufrages, pour la fabrication de cette arme. M. Georges Zaoué, a obtenu une médaille d'honneur d'encouragement.

On peut écrire directement, ou transmettre les demandes à M. le Directeur de la Société Générale des Naufrages, 31, rue Neuve-des-Mathurins, à Paris.

Le Grenadier de sauvetage en bronze. — Les deux cadres et caisses garnis de 440 mètres de lignes, douze grenades coûtent ensemble, pris à la fabrique de Marseille, 160 fr.

Les grenadiers sont expédiés directement de la fabrique de Marseille ou du dépôt de Paris, à ceux qui en font la demande.

GRENADIER DE SAUVETAGE.

La pensée noble et utile qui anime la Société Générale des naufrages lui mérite, à juste titre la reconnaissance nationale.

Le vice-amiral, ministre de la marine, ROSAMEL.

Sauveteur armé du grenadier et des cordes.

Le *grenadier* est un moyen de salut léger, portatif, peu coûteux, facile à mettre à bord de toute espèce d'embarcations, à placer dans un poste de douane, et propre, enfin, à établir une communication sûre, rapide et instantanée, pendant le calme ou la tempête, entre un navire et la terre, et *vice versâ;* ou deux navires entr'eux.

Des milliers de marins demandaient depuis longtemps un semblable moyen de sauvetage, comme pouvant être capable de rendre les plus immenses services.

Cette arme a été soumise une première fois à l'épreuve, avec succès, à Marseille, le 12 octobre 1840.

La seconde fois à Livourne, le 26 novembre 1840, avec l'autorisation spéciale de S. A. I. et R. le Grand-Duc, et en présence de S. E. le Gouverneur et de l'État-Major général de la place, qui en ont constaté les excellents effets.

La troisième fois à la Gare Saint-Ouen, près Paris, le 23 mars 1841. (Voir le rapport plus bas, page 22.)

Forme de l'arme. — Le *Grenadier* présente la forme d'un petit mortier en miniature. Il est, indistinctement, en *fer de fonte, cuivre, acier fondu* ou en *bronze*, qui est le métal préférable.

Pour éviter la violence de la secousse imprimée par l'effet du recul, cette arme est montée sur un arc, en bois flexible, solide, légèrement courbé et long de 1 mètre 45 centimètres, allant en diminuant vers la partie qui repose sur le sol. Cette extrémité, qui a 3 centimètres de diamètre à sa base, est garnie d'une ferrure en entonnoir, afin d'éviter qu'elle ne pénètre trop avant dans la terre ou le sable.

La portion supérieure qui s'emmanche dans le prolongement de la culasse présente un diamètre de 7 centimètres environ.

On adapte à cette partie supérieure et inférieure de l'arme une échelle de gradation qui sert de point d'appui, en même temps qu'à mesurer les angles.

La portion métallique du *Grenadier* est longue de 30 centimètres. Montée sur son arc, la grandeur totale de l'arme est de 1 mètre 75 centimètres.

DU CALIBRE DU GRENADIER.

Le *calibre* présente 6 cent. de diamètre, 10 cent. de profondeur.

La chambre est large et peu profonde, afin que la poudre s'enflamme très vite et sans perte.

Le *grenadier* est à percussion.

La gachette est supprimée. On lâche la détente au moyen d'une pression légère sur un bouton à ressort, placé sur le dos de l'arme, à quelques centimètres en avant du chien.

Le *grenadier* tout monté pèse 9 kilogrammes environ.

DE LA CHARGE.

La *charge* est de 15 à 20 gram. de poudre royale de chasse.

Les *charges* sont préparées d'avance par petites gargousses; elles sont combinées de manière à faire obtenir la portée la plus favorable, eu égard au calibre.

On ne doit jamais bourrer, ni forcer le biscayen.

Il ne faut pas s'étonner des différences de portée que l'on obtient quelquefois dans le tir des projectiles de sauvetage. Ce phénomène tient tantôt à la qualité de la poudre, influencée par les différents accidents de la température, tantôt au calibre des biscayens, à l'angle sous lequel on tire, à la direction des vents, etc.

DES BISCAYENS.

Les *biscayens, projectiles* ou *grenades* sont en plomb, afin de réunir la plus grande pesanteur possible dans le plus petit volume : ils pèsent 1,000 grammes.

Les cordes se passent dans le petit anneau du piton de la grenade de la manière suivante :

On ramène la ligne sur elle-même, dans une étendue d'un demi-mètre, puis on l'épisse ; de telle sorte qu'en passant les deux bouts dans l'anneau et faisant entrer le biscayen dans l'écartement, elle se trouve parfaitement fixée.

Les *charges*, les *capsules* fulminantes et les *biscayens* sont renfermés dans un coffre en tôle à compartiments.

DE LA MANIÈRE DE SE SERVIR DU GRENADIER, ET DES PRÉCAUTIONS A PRENDRE.

Il est de la plus haute importance que les capitaines et les *sauveteurs* qui possèdent un *grenadier*, se livrent à des exercices répétés avec cette arme, en commençant par des demi-charges, afin de s'habituer progressivement au tir, et aux effets de la résistance du vent. Il faut faire les premières par un temps calme, et finir les dernières par la tempête.

L'arc du grenadier passe devant le pointeur, qui ne doit y toucher qu'avec les mains sans l'appuyer contre les bras ou les jambes; un pied sera placé à la base de l'arc du grenadier, l'autre en avant, laissant entre eux un mètre d'écartement. La tête du pointeur dominera le canon, de manière à se trouver exactement dans la ligne du tir ; il importe de ne pas baisser la tête, comme pour le tir au fusil, mais de la relever, et reporter en arrière.

DE LA MANIÈRE DE VISER OU DU POINTAGE.

Le *sauveteur* qui tire de terre à bord, ce qui suppose vent debout, rapprochera son arme de la terre pour former un *angle* d'autant moins ouvert que le *vent* sera plus violent.

Il importe de chercher à faire passer le projectile sur le navire de manière à engager la corde dans la mâture, et dans le grément. *Le tir le plus horizontal est le meilleur et le plus favorable* de terre à bord.

Dans le tir de bord à terre, c'est-à-dire avec bon vent, il y a plus d'avantage au contraire à se rapprocher de l'angle de 45°.

Les exercices donneront sur ce point de précieuses et indispensables notions pratiques ; par exemple, ils démontreront les effets de la déviation des lignes occasionnée par l'action des vents, et la manière d'obvier à ce grave inconvénient en tirant de façon à faire passer le projectile et la corde dans le gréement.

Il faut toujours tirer à mi-mat sur les navires, et à double hauteur d'homme sur les barques. (*Voir la gravure* page 16.)

Le *Sauveteur* ne doit jamais se préoccuper de la crainte de blesser ceux qu'il veut secourir ; les chances de salut l'emportent mille fois sur celles de perte, et le sauvetage d'un équipage doit prévaloir sur la conservation problématique d'un seul individu.

Il est d'ailleurs à peu près certain que le biscayen n'occasionnerait qu'une simple contusion, à moins qu'il ne fût tiré de très près et mal pointé, circonstance heureusement fort rare.

Le *Grenadier* ne manque jamais son effet : la facilité de le porter soit à cheval, soit à pied, au pas de course, sur le rivage, dans les falaises et les ravins, permettra constamment aux bateaux à vapeur, aux pêcheurs, aux caboteurs etc. etc., de se faire hâler à terre, remorquer dans les chenaux et les jetées ou enfin de recevoir une amarre, etc.

Qui ne sait, par l'inspection des cartes, que dans le plus grand nombre de cas, les navires trouvent toujours à rester à flot lorsqu'ils ne sont pas éloignés de la côte de plus de 100 à 150 mètres? Les côtes d'Etel, d'Audierne, de Quiberon, et toutes celles de Bretagne, les plus dangereuses du monde, sont là pour l'attester.

S'il y a de l'eau pour recevoir les forts navires à 160 mètres au large de la mer, il y en a encore à moins de distance sur les côtes à pic. Il est donc certain que le *grenadier* ne manquera jamais son effet.

DES CADRES A LOVER LES CORDES.

Les cadres, sont d'une importance majeure.

Le cadre doit être construit en bon bois de chêne.

Les chevilles garnissant le pourtour ont une hauteur totale de 12 centimètres; 2 centimètres à la base, 1 centimètre à la pointe; ils sont de forme ronde et enfoncés dans l'épaisseur du cadre; on a bien soin de les frotter avec du savon pour faire glisser les cordes.

La forme du cadre est celle d'un carré dont

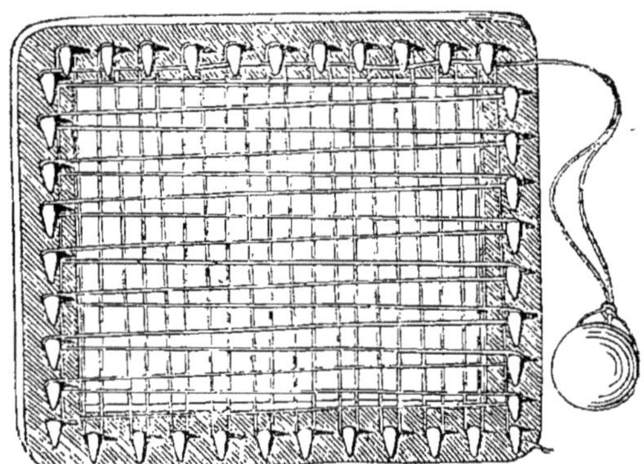

chaque face présente 60 centimètres de longueur.

Les planches sur lesquelles sont implantées les *fiches* ou *montants*, ont 3 centimètres d'épaisseur.

Chaque cadre est enfermé dans une boîte en bois léger.

A la caisse sont attachées des courroies servant à la porter sur le dos, à l'instar des militaires portant leurs sacs.

Cette caisse sert à préserver les cordes de l'humidité; à les maintenir lovées et à l'abri de l'action des vents violents pendant le tir.

Lors du tir, on incline la caisse à l'angle de 15° environ, de manière à favoriser le développement des lignes qu'elle contient.

Le *sauveteur* porte toujours avec lui deux caisses renfermant deux cadres garnis de lignes, l'une a 2 millimètres de diamètre, l'autre 4 millimètres; toutes deux ayant 220 mètres de longueur ; si la distance à parcourir est grande, on employe la corde de 2 millimètres, si elle est courte on se sert de la seconde.

Les *cordes*, ou *lignes*, doivent réunir la plus grande force possible dans le plus petit volume et le moindre diamètre; elles sont de deux épaisseurs différentes, comme nous avons dit plus haut. On les fait faire avec le *cœur du chanvre* le plus long et le mieux peigné. On les détord et élonge à plusieurs reprises avant de s'en servir.

Lorsqu'une ligne casse, on l'épisse *sans jamais y faire aucun nœud.*

Les lignes ne doivent pas être tendues sur les chevilles des cadres ; il leur faut au contraire un peu de mou. On aura bien soin de ne pas les mettre l'une sur l'autre au tournant des chevilles, parce qu'elles se mêleraient au départ, formeraient des coques, des nœuds ; le moindre nœud donne lieu a une complication qui se termine le plus souvent par un manque d'effet du tir.

Il faut avoir soin d'attacher les biscayens d'avance aux bouts des lignes, afin d'être tout prêt à les lancer. De cette façon il y a toujours quatre biscayens de prêts pour le service.

Nous allons donner un extrait du rapport de la commission d'examen du *grenadier* de salut, afin de montrer par le rapport lui-même, et la composition de la commission, tout l'intérêt qui s'attache à la découverte et à l'application de cette arme.

Comité des armes.

Extrait du Rapport de la Commission d'examen du Grenadier de sauvetage.

La Commission s'est réunie le 23 mars à la Gare de St-Ouen, sous la présidence de M. le lieutenant-général comte BARROIS.

Elle se composait de MM.

L'adjudant-général baron DUPIN, rapporteur.—Le marquis DE TURENNE, membre du Comité des armes.—Le capitaine de vaisseau LAIGNEL du Comité des constructions.—Le commandant CREVEL, *idem.*

Assistaient à cette réunion :

S. A. R. Mgr l'Infant don FRANÇOIS DE PAULE DE BOURBON, protecteur. — S. A. le prince SWIATOPOLK DE MIR, président d'honneur. — S. Ex. le comte DE PARSENT, président de la Section espagnole, à Paris. — S. Ex. le duc de SERRA CAPRIOLA, président de la Section napolitaine.—Le général baron RÉMOND, du Comité des armes.—FALCON (NIPOTE), vice-président de la Société. (Section de Naples). — DE SAINT-VINCENT, président du Comité des finances. —Le comte DE CHASTELLUX, président d'honneur. — Docteur A. SANSON, professeur de la Société, à Paris. — Cte Ate Godde de Liancourt, inventeur du procédé.

La Commission s'était proposé pour but, dans cette expérience, de juger de l'influence *des angles du tir sur la portée.* Les membres présents de la Commission ont reconnu, au premier coup tiré sous un angle très ouvert, mais qui n'a pu être mathématiquement déterminé faute d'instruments, et à cause de la mobilité de l'arme, dont les bras du tireur formaient le seul point d'appui à peu près, qu'il y avait une grande déviation du *projectile* et de la *corde.*

Aux épreuves suivantes, où l'arme était pointée dans un angle plus rapproché de la terre, la déviation a été presque insensible et la portée plus considérable.

Il est un fait qui semble devoir rester en dehors de la controverse, c'est que le tir, sous un angle au-dessus de 40°, par une bonne brise, ne permettrait pas aux projectiles d'atteindre un but qui présenterait moins de 3 mètres de surface, par exemple, à distance de 100 mètres; tandis que, sous un angle au-dessous de 40° ce même projectile y arrivera avec certitude.

La Commission jugera sur ce point lors des épreuves que M. le Maréchal ministre de la guerre l'a autorisée à répéter à Vincennes.

Elle fera en sorte de confirmer de nouveau la teneur de ce rapport, et de démontrer que l'emploi du *grenadier* de salut, auquel il est possible d'ajouter quelques perfectionnements comme, d'agrandir la chambre, l'âme et la profondeur, et de poser le manche du canon sur un chevalet à degrés, peut rendre d'immenses services à l'humanité et devenir un excellent moyen de sauvetage (1).

Le Rapporteur, L'adjudant-général baron DUPIN.

Approuvé : Lieutenant-Général, Président du Comité,

Signé : Comte BARROIS.

(1) Toutes ces améliorations ont été réalisées.

Expériences du tir en mer des bombes de gros calibre.

Mortier de 8. — Cordes de 1 cent. de diamètre, et de 500 mètres de longueur.

DE LA BALISTIQUE DE SAUVETAGE

OU DE LA CONVERSION DES ARMES DE GUERRE EN MOYENS DE SALUT POUR LES NAUFRAGÉS.

(DEUXIÈME ÉDITION.)

> Les idées que renferme cet ouvrage sont dignes, au plus haut degré de toute l'attention des gouvernements.
>
> FRÉDÉRIC GUILLAUME, roi de Prusse.

Nous ferons pour la BALISTIQUE *ce que le* COMITÉ D'ASPHYXIE *a fait pour les secours aux* NOYÉS, *nous réduirons la science aux formules les plus simples et les plus faciles.*

La *Balistique de sauvetage*, ou l'art de lancer les *biscayens*, *grenades*, *bombes*, *boulets*, et projectiles quelconques, avec des *cordes ou amarres*, est une science à peine ébauchée. Aussi, est-ce un besoin pour nous de faire connaître que les travaux en ce genre de la Société Générale des Naufrages, ont ouvert la première série des expériences régulières qui aient jamais été faites en France, en Italie, en Afrique, au Mexique, en Grèce, etc. C'est au poligone de Vincennes que les premières opérations, constatées par une série de procès-verbaux, ont commencé, en vertu d'une autorisation du Maréchal Ministre de la Guerre, en date du 20 avril 1836.

Chacun pourra se demander maintenant, comment il se fait que depuis 400 ans l'on se soit préoccupé exclusivement du soin de perfectionner les instruments de destruction, quand il était si facile de les utiliser pour le salut des malheureux naufragés.

La théorie des projectiles porte-amarres était, avant l'existence *de la Société générale internationale des naufrages*, à l'état de la théorie des projectiles de guerre en 1740 et 1743, c'est-à-dire, avant que Vallière, Robins, Müller (1754), Tempelhoff (1780), Hutton d'Arcy, Lombard et Heuler (1783), ne publiassent leurs principes d'artillerie.

Tout ce qui a été fait jusqu'ici, nous l'avons considéré comme l'enfance de l'art, et fort souvent comme le produit de causes à peu près indéterminées.

La question des moyens de sauvetage ne préoccupe sérieusement la France que depuis 1835, époque de la fondation *de la Société générale*. On avait bien entretenu déjà des sociétés savantes de quelques idées analogues, mais toujours sans succès, et sans jamais aboutir à sauver un seul homme : c'est pourquoi nous ne prenons pas l'engagement d'énumérer, encore moins de décrire tous les rêves qui ont passé par la tête de prétendus et impuissants philantropes.

Nous ne manifestons que le désir de présenter la première page d'un ouvrage pratique sur les secours efficaces à donner aux naufragés.

Nous n'avons pas la prétention d'avoir rien inventé, *nil novum sub cœlo*, mais nous avons l'honneur d'avoir *pratiqué* et sauvé la vie à nos semblables, ce qui est préférable à toute autre chose.

—La pensée de jeter des cordes aux navires en perdition, est venue de l'observation de ce qui ce pratique, de temps immémorial chez les peuples primitifs. Quand les sauvages veulent établir un pont d'une roche à l'autre pour franchir un abîme, ils se servent d'un bout de liane qu'ils projettent à l'aide d'un arc et d'une flèche ; ce qui ne veut pas dire pour cela que le système de balistique des *bombes amarres* soit un plagiat... Aujourd'hui, que la poudre et la vapeur sont venus à notre aide, nous nous servons de ces moteurs beaucoup plus commodes, plus énergiques et plus puissants que les flèches et les balistes. Ainsi, nous subtituons *le canon, le mortier, le grenadier, aux cata-*

(1) Des personnes malveillantes, ont fait à ce sujet une singulière réclamation. Elles ont invoqué les tentatives faites à Meudon, au mois de thermidor an VII, ou la dernière année du dernier siècle, et celle du sergent anglais Bell, pour crier à la contrefaçon !

Nous opposerons à tout ceci : qu'avant Blangy et Bell, c'est-à-dire depuis qu'il existe des poligones, on a essayé d'envoyer des projectiles avec des cordes ; que les expérimentations faites à Meudon, n'étaient pas nouvelles ; on avait débuté auparavant sur les anciennes jetées du Hâvre.

Que les tentatives assez heureuses d'ailleurs du sergent Bell, n'ont pas assez attiré l'attention en Angleterre pour qu'on leur ait donné suite. Ce fait semble tellement peu controversable, que M. Manby ne dit pas mot de son compatriote, dans son petit *manuel* des secours aux naufragés, où il est question des bombes amarres.

Feu notre vénérable ami l'amiral Sidney Smith, et plusieurs de ses frères d'armes, ne nous ont jamais parlé du sergent Bell ; ils représentaient seulement l'amiral Manby, comme celui qui devait jouir par préférence de l'honneur des premiers succès, et après lui le capitaine Manby.

pultes et aux balistes; à la flèche, le boulet, la bombe, la grenade; aux lianes, des cordes parfaitement préparées, et d'une grande solidité.

Nous le répétons, depuis le siége de Rhodes jusqu'à aujourd'hui, il n'y a peut-être pas de poligone où les artilleurs n'ayent essayé d'envoyer des projectiles avec des cordes, mais aucun n'a présenté un *traité pratique et d'application*... Il était réservé à la *Société générale des naufrages* de le faire; aussi, en consultant ses archives, voit-on que ses commissaires délégués ont démontré *la pratique du tir des bombes amarres* à Vincennes, (27 septembre 1837), Hâvre (13 décembre 1837), Rouen (11 mars 1838), Ingouville (13 mai 1838), Caen (24 mai 1838), Courseule (1838), Saint-Marcouf et au Fort royal (même mois), Cherbourg (19 août 1840), Labougue (7 septembre 1838), Nantes (13 janvier 1839), Paimbœuf (5 mars 1839), Pouliguen (11 mars 1839), Croisic (15 mars 1839), Bône-Algérie (23 février 1840), Marseilles (24 septembre 1840), Cette (9 octobre 1840), Livourne (26 novembre 1840), Calais (27 avril 1840), La Rochelle (24 juillet 1841), sans compter l'impulsion donnée en Espagne, en Portugal, dans le Mexique, et vingt autres endroits du globe.

Il faudra bien que l'on en vienne à rendre pleine justice à ceux dont les veilles ont été consacrées à l'accomplissement d'une aussi noble et rude tâche.

DES MORTIERS.

Nous avons parlé du *Grenadier*, dont personne ne nous contestera la priorité d'application au sauvetage; maintenant, nous allons nous occuper du service de la grosse artillerie.

DES MORTIERS. — Le point capital est toujours de lancer des cordes le plus loin, le plus sûrement possible, et avec le moins de difficultés. C'est ici le lieu de continuer à raconter les progrès, la pratique et les perfectionnements de la *balistique de sauvetage*. De cette manière le *sauveteur*, pour qui les secours de la théorie sont bien peu de chose, s'instruira facilement en nous suivant pas à pas, dans l'étude d'un art si précieux pour préserver la vie de nos semblables.

L'exercice et le tems peuvent seuls faire un bon sauveteur artilleur. La balistique de sauvetage demande donc à être étudiée, perfectionnée, soumise à un grand nombre d'épreuves par les *sauveteurs* eux-mêmes. Ils reconnaitront, comme nous en avons acquis la certitude matérielle, qu'avec de bonnes et solides cordes, attachées directement à l'anneau des bombes, sans cuir, chaînes ou tout autre intermédiaire, le tir est sûr et presqu'infaillible, quand le navire en perdition n'est pas plus éloigné de la côte que 400 mètres.

1° Quel est le but de la balistique de sauvetage ?

2° Quels sont les instruments les plus propres à l'atteindre ?

3° Quel était le problème à résoudre avant d'arriver à former un système de balistique de salut ?

—1° *La balistique de sauvetage*, a pour but l'application des armes de guerre au salut des Naufragés ; c'est, en d'autres termes, le moyen de faire parvenir une corde, d'un point à un autre, en se servant d'un *boulet*, d'un *biscaïen*, d'une *fusée de guerre*, ou de tout autre projectile mu par de la poudre, ou bien par une force quelconque.

—2° *Le mortier* est la machine originairement destructive, et la plus destructive de toutes, qui fixera d'abord notre attention ; viendront plus tard les *fusées* de combat et la pièce de quatre avec les *grapins*.

—3° L'objet essentiel doit être de calibrer la pièce. Si on prenait, par exemple, un canon capable de faire parcourir 8, 9 ou 1000 mètres en une *seconde*, on conçoit que la ligne d'amarre qui ferait résistance serait vivement compromise ; car la vitesse initiale serait tellement rapide et violente, que toute espèce d'attache, et principalement celles où il entre du fer, du cuivre, du plomb, ou un métal quelconque enfin, se romprait presque toujours par l'effet de la secousse occasionnée par le projectile à son départ.

Il importe donc de s'arrêter à un calibre de projectile, dont la trajectoire soit moins rapide, sans perdre de sa portée.

Les proportions sont ainsi tout entières à établir, entre :

1° Le diamètre et le poids du projectile ;

2° Le diamètre et le poids de l'amarre,

3° Les charges, les angles et les portées à obtenir.

—1° La bombe de guerre, que l'on veut transformer en *bombe amarre*, doit avoir un calibre de 216 millimètres de diamètre ; peser 23 kilog. et 25 kilog. armée de son piton.

La combinaison du diamètre de la bombe, avec son *propre poids*, est une condition importante à établir ; car le problème consiste principalement à équilibrer *le poids* du projectile avec la *masse* à porter, pour atteindre le but.

La bombe amarre de 216 millimètres, offre les chances les plus certaines pour faire parvenir avec sûreté une corde à de grandes distances ; elle présente encore l'avantage de pouvoir être lestée d'un poids égal ou supérieur à sa masse principale, soit en l'emplissant de terre, de fers, de plombs, ce qui ne saurait avoir lieu avec *le boulet* plein dont le poids est irrévocablement arrêté par la nature de sa composition.

La bombe de 23 kilog., porte avec elle, une amarre de 9 millimètres de diamètre, avec la charge de la meilleure poudre éprouvée

de 100 — 500 — 600 gram.
à la distance de 500 — 550 — 600 mètres.

La bombe lestée, ou du poids de 46 kilog, porte la même ligne avec

une charge de 700 — 800 — 900 gram.
à la distance de 600 — 650 — 725 mètres,

contre forte brise, et sous l'angle de 32 degrés. Dans quelques circonstances, dans un cas désespéré, et suivant la nécessité imposée par la violence de la tempête, le même projectile, chassé par 1200 grammes de poudre, portera une ligne faite en cœur de chanvre parfaitement peigné, souple étiré, à plus de 900 mètres

Le même projectile portera avec cette charge *une ligne de baleine*, à 300 mètres.

Les globes de petit calibre sont impropres pour obtenir de grandes portées avec de grosses lignes. Si on prenait, par exemple, un globe en fonte de 15 centimètres de diamètre, et du poids de 5 kilog. avec piton, pour porter cette même ligne de baleine, il faudrait charger de manière à obtenir une accélération extraordinaire de vitesse. Mais cette surcharge, indépendamment de ce qu'elle n'est pas toujours une condition de grande portée, parce quelle accumule une très puissante résistance de la part de l'atmosphère, compromet autant l'amarre qu'elle brise, presque toujours, que la justesse du tir si précieuse à obtenir.

Le petit calibre n'est donc pas préférable au plus fort, parce qu'il est plus portatif; mais le plus fort est préferable, au contraire, au plus faible, parce qu'il donne une grande portée naturelle.

Lorsque, dans certain cas, on n'a besoin que de parcourir une petite distance; il faut se servir de la ligne de pêche. Cette ligne fait partie essentielle des stations à poste fixe, c'est-à-dire, qui doivent servir à *établir une communication entre deux points arrêtés, connus d'avance*. Au Hâvre, par exemple, la ligne de baleine pourra, fort souvent, être envoyée par le travers d'un navire échoué sur le poulier du sud; la même chose aura lieu à Cette, dans un cas de naufrage sur le Brise-Lame.

Une corde de cette force, fait gagner beaucoup de temps aux *sauveteurs*, parce qu'elle est capable de servir de prime à bord, à l'établissement d'un *va et vient* sérieux et définitif.

On conçoit combien il serait contraire à toute règle d'attacher une ligne de pêche à un boulet en fonte de 15 centimètres de diamètre, pour en dérouler 200 mètres. Il faudrait une grande charge de poudre pour projeter ce petit globe lesté d'une grosse corde, à 200 mètres de distance (la vitesse étant à peu près, en raison de la racine carrée des charges de poudre), et dans cette hypothèse, il y aurait rupture de la ligne, une grande résistance de l'air, beaucoup de déviation. Si au contraire, on n'employait qu'une faible charge, le résultat obtenu serait tout-à-fait insignifiant.

Il y avait donc une réforme presque complète à introduire dans le tir des *bombes amarres*.

Le petit boulet en usage, les chaînes métalliques, les cuirs de Hongrie tressés, prouvent que M. Manby (1), qui les a proposées, comme un perfectionnement, peut-être d'après le sergent Bell, n'avait qu'une notion bien imparfaite du mouvement des globes dans l'air.

Les projectiles en sortant de l'âme du canon, sont animés d'une très grande vitesse de rotation autour du prolongement de l'axe de la pièce, c'est-à-dire autour d'un diamètre qui s'écarte peu de la ligne du tir; il existe un frottement considérable du mobile, *ou boulet*, contre l'air déplacé avec la plus rapide violence. Le frottement est d'autant plus grand que le mobile marche plus vîte, en raison de son petit calibre.

Si ce fait n'avait pas été négligé, ou ignoré, on se serait bien gardé de faire usage de *fils métalliques*, et *de crochets de fer*, pour isoler les cordes, du piton des bombes, car il eût été bien aisé de se convaincre que leur rotation dans les premiers instants de la projection, devait occasionner un tiraillement funeste et détruire en le tordant et l'alongeant en tous sens, le fil de métal.

Ainsi donc, loin de faire intervenir aucun métal, aucune espèce de *cuir* ou de *tresse*, il faut leur substituer simplement la corde douée

---

(1) En général les artilleurs tiennent toujours opiniâtrement à isoler les bombes des cordes au moyen de chaînes métalliques, et nous ont souvent fait de très vives résistances. On ne s'est décidé qu'avec bien de la peine à entendre nos avis; mais dès qu'on a fait l'examen du mode d'attacher la corde directement à l'anneau de la bombe, l'avantage de ce système n'a plus laissé de doute. — Dans un petit manuel de sauvetage publié par M. Manby, en 1836, il est recommandé instamment comme très essentiel, en attachant la corde au boulet, de la fixer solidement, et d'empêcher qu'elle ne soit brulée par le feu du mortier au moyen de fortes lanières de cuir placées dans le piton et tressées aussi serrées que possible. Cette tresse doit être assez longue, dit l'auteur, pour qu'il en reste un demi mètre hors du mortier chargé, elle doit avoir à son extrémité un œillet assez ouvert pour que l'on y puisse passer deux du bout de la corde et serrer fortement.

Les lanières peuvent aussi être tressées à la manière de celles dont on fait les fouets, etc.

Une autre manière, consiste à entourer la corde d'une gaine en cuir.

Enfin, après avoir ajouté que l'expérience permettait de ne pas se servir de cuir lorsque le piton débordait, M. Manby en revient à conseiller les chaînes métalliques que nous avons toujours considérées comme un non sens.

de toute la souplesse possible, et humectée d'eau salée dans une étendue d'un mètre, encore n'est-ce pas indispensable.

Les *chaines, les fils métalliques, les tresses*, sont si inutiles, qu'on pourrait tirer de petits projectiles avec un *fil de soie* sans le brûler.

Voici à ce sujet 1° *le rapport de la section de Calais du* 30 *octobre* 1840.

« Vous apprendrez avec plaisir que le 3 juillet dernier, mettant à profit les conseils que vous nous avez donnés avec toute l'assurance de votre expérience pratique, nous sommes enfin parvenus à lancer *des bombes amarres*, non garnies de cuir ou de métal, à 299 mètres. *sur 7 bombes envoyées, pas une seule n'a rompu son amarre* de 1 centimètre de diamètre. Le mortier était pointé à 30 et 31 degrés. Les bombes pesaient 16 kilog.»

» Les essais précédents s'étaient faits sous l'angle de 45 degrés (*signé*: Lebeau, secrétaire). »

2° *Rapport de la Section de Bône* (*Afrique*).

« Le 23 février 1840, 8 projectiles creux, de 8 kil., ont porté successivement leurs amarres de 1 centimètre de diamètre,

avec charge de 270, 275, 300, 350 grammes de poudre,

à la distance de 250, 266, 290, 340 mètres,

sans rien casser! sans aucune avarie! et c'était cependant la première et unique fois que M. Fortin, agent général de la société en Afrique, se livrait à cet intéressant exercice. De tels résultats n'ont pas besoin de commentaires. »

Il résulte très positivement de tout ceci, que l'étude du tir des projectiles était, avant nos expériences, très problématique, et que l'on ne se l'expliquait encore que bien imparfaitement.

DE L'IMPLANTATION DU PITON DANS L'OEIL DES BOMBES, ET DE SON EFFET SUR LE TIR.

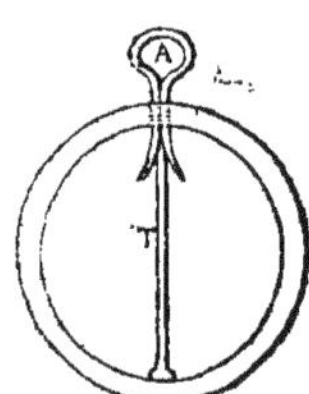

Pendant long-temps nous avons fait tarauder l'œil de la bombe pour y former un pas de vis, et placer le piton. Maintenant, nous introduisons simplement dans la bombe un coin, (T) ou tige en fer de 40 cent. de longueur, environ, pour les projectiles de 8 kilog. sur 10 à 12 millimètres de diamètre, et nous plaçons à cheval sur la partie coupante du (T) qui regarde l'œil, les deux branches qui forment le piton, et dont l'écartement dans la bombe suffit à le fixer solidement.

L'anneau du piton est ménagé, préalablement, par un écartement de la tige dans la partie tout-à-fait supérieure (A).

Il y a dans cette opération une grande simplicité, et beaucoup d'économie.

Si dans le tir des *bombes amarres*, la sphéricité était la même que pour les bombes de guerre, si le centre de gravité n'était pas changé par l'implantation du piton dans l'œil du projectile, ou l'un des points de la circonférence, presque toutes les tentatives faites jusqu'à ce jour, auraient échoué.

Le piton ou projectile joue un rôle bien important dans le tir des *bombes amarres*.

Dans l'état ordinaire, le globe projeté dans l'air, pivote sur lui-même indéfiniment par l'effet de la pression des gaz sur l'une des parties de sa sphéricité, et par rapport à son centre propre de gravité.

Le même phénomène n'a pas lieu dans le tir des *bombes amarres*. Ainsi, le point le plus lourd, ou le centre de gravité, se trouve d'abord à l'avant du projectile, dont l'arrière repose sur la charge de poudre.

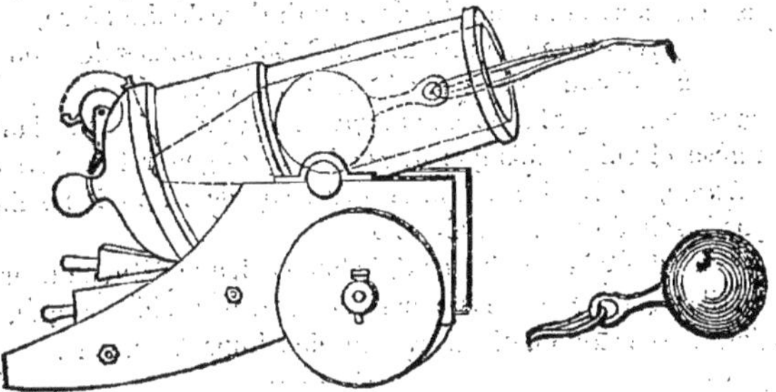

Il faut donc de toute nécessité qu'il tourne sur lui-même, pour que *ce point* fasse un mouvement de bascule, en vertu de la loi de la gravitation.

Par ce mouvement de bascule du projectile, le *piton*, qui était à l'avant, revient à l'arrière avec une extrême rapidité; cette secousse est fort dangereuse pour la sûreté des lignes. Voilà pourquoi les cordes jouent un rôle si important dans le tir; et pourquoi aussi elles doivent être souples, peu tordues, ou commises, faites en chanvre long, de première qualité, peigné avec soin et en plusieurs brins.

Le *piton à anneau* doit se mesurer d'après le diamètre de la bombe; s'il est trop long, il cause un coup de fouet pendant le mouvement de bascule; s'il est trop court ou trop faible, il cesse d'opposer une résistance suffisante aux efforts de rotation que fait la bombe.

En somme, il importe de reconnaître que dans le tir des *bombes-amarres* les déplacements simultanés des *axes*, de *figures*, et de *rotation*, provenant de la *non-sphéricité* des projectiles, ont une très grande influence sur les mouvements de translation.

CHARGE ET PORTÉE.

Dans la *balistique du sauvetage*, la *charge* et la *portée* sont relatives à l'état de l'atmosphère. Le *vent* et la *pluie* représentent les résistances.

La *charge* et l'*angle* donnent la *portée* qui est l'objet du problème.

La durée de la *portée* et son étendue horizontale ne sont pas plus à négliger, que l'*angle* sous lequel il faut tirer.

C'est de la combinaison de la *charge* avec l'*angle*, de la *force* de la ligne, de son *diamètre* et du *poids* du projectile que dépend le succès du *tir*.

Les Anglais, et M. Manby en particulier, ont donné un modèle de pièce dont l'âme présente 11 centimètres et demi, et qui chasse un boulet plein de 12 kil. sous un angle de 22 degrès, avec une charge

de poudre fine de 4 — 6 — 8 — 10 — 12 — 14 onces,
aux distances de 120 - 145 - 180 - 209 - 225 - 250 verges.

Ces expériences que nous avons répétées à Vincennes, avec l'ordre de M. le Maréchal Marquis Maison, alors Ministre de la Guerre, et en présence de M. le Colonel Dumas de Culture, adjoint au Général Baron Duchand, Commandant de l'École, ne nous ont pas réussi. Nous avions cependant le mortier apporté par M. Manby lui-même et les cordes de la corderie coloniale de Grimsby.

La plus grande portée obtenue a été de 232 mètres. Ces portées ne peuvent être d'aucune utilité, que dans un très petit nombre de cas exceptionnels, pour établir un va et vient entre des points rapprochés ; autrement, il faudrait augmenter la charge ; et ce serait un contre-sens, puisque la vitesse elle-même se perd par un mouvement trop accéléré.

La corde a cassé deux fois sur sept coups ; M. Manby aurait dû connaître le principe établi, il y a cinquante-sept ans environ, par *Hutton*, son compatriote : la *charge* augmente bien la *vitesse*, mais, arrivée à une certaine distance où la *vitesse* est la plus grande possible, elle diminue en raison de la *charge* (1).

---

(1) Le savant John Murray, F. S. A.: F. L. S. et vice-président de la société, a dit dans son ouvrage publié en 1831, sur le moyen d'établir une communication dans le cas de naufrage, p. 7, que les cordes mises en usage par M. Manby cassaient fréquemment.

La surcharge conseillée pour atteindre une plus grande distance avec la même pièce ne fait donc qu'augmenter la vitesse du projectile, et reste sans action, ni résultat certain, quant à la portée.

En général, il ne faut pas dépasser la *charge* qui convient au calibre de la pièce en usage, puisque la quantité de poudre qui donne la plus grande *vitesse*, varie suivant le *calibre* et la *longueur* de l'arme.

Les *portées* varient en raison des *charges*; mais nous devons faire observer que le *sauveteur* ne devra jamais se servir de poudre non éprouvée; par exemple, nous avons reçu souvent pendant nos démonstrations dans les ports de mer, des poudres qui variaient de 5 à 35 ans d'âge. On conçoit quelle différence il en résulterait dans le tir.

Il importe donc d'avoir ses gargousses faites avec la poudre qui aura servi aux épreuves, et qui garantiront, autant que possible, une *portée donnée* d'avance, selon ce qui a été indiqué, P. 26, pour les mortiers.

DU POINTAGE ET DE L'ANGLE DU TIR.

Il ne faut pas oublier ce qui a été dit : que la *vitesse* de la *bombe-amarre* variait en raison inverse de la racine carrée de son *poids* et de la *corde* qu'il emporte avec lui, et que cette même vitesse se réduisait relativement à l'*air du vent.*

Maintenant, nous ajouterons que l'*angle* du tir, devant se déterminer pour chaque forme de balle, l'exercice des *bombes-amarres* doit être *spécial*, comme la *charge.*

Le *pointage* des *mortiers de salut* diffère donc de celui des *armes de guerre.*

La manière de tirer les *bombes ordinaires* est d'obtenir la plus grande portée et de pointer sous l'*angle* de la plus grande amplitude, — cet *angle* approche beaucoup de 45 degrés, il est plutôt au-dessous qu'au-dessus. (Durtebie 177).

L'*angle* doit être baissé, ou élevé, en raison des distances. Il n'est pas d'une mesure absolument précise.

Mais c'est surtout dans la *balistique du sauvetage* que ce fait est remarquable, parce qu'ici il s'agit d'obtenir un effet nouveau.

Pendant la tempête; *le Sauveteur* projette son globe, non pour atteindre, mais pour dépasser le point de mire presque toujours mouvant; d'un autre côté, l'élasticité de l'air oppose au mobile une résistance plus que triple du carré de sa vitesse.

Le pointage est relatif à l'air du vent, à son degré d'agitation, au diamètre de la corde employée, et à l'étendue de sa surface. —

Le Sauveteur doit pointer entre les mâts (1), toujours le plus au vent. Il est de la plus grande importance de tirer à demi hauteur de mât, sans s'occuper de l'arc tracé par la corde. — Là où le boulet passe, la corde passe aussi et l'équipage est sauvé. (Voir p. 24).

Il y a un phénomène important à observer, en cette occasion, c'est la *rectification* de la *ligne* par la *bombe*, et celle de la *direction* de la *bombe* par la *ligne*.

Ainsi, au milieu de sa trajectoire la corde présente une déviation souvent considérable, et toujours en raison du vent (voir p. 25); mais à mesure que la *bombe* s'avance vers le terme de la trajectoire, elle tend la corde et la rapproche de la ligne droite.

Le boulet, lui-même, subit cette rectification; il se trouve ramené dans la ligne du tir, qui, partant du mortier, arrive au point de mire placé dans le prolongement de son axe. — Ce sont deux actions qui se modifient l'une par l'autre.

Les indications sur le papier sont insuffisantes, il faut pratiquer. Le *Sauveteur*, habitué et familiarisé avec *les effets de l'air*, *les distances maritimes*, apprend facilement le tir des *bombes-amarres*.

La pratique éclaire bientôt son zèle, et elle lui est devenue facile, grâce à l'accueil bienveillant que tous les gouvernements ont daigné faire à la *Société générale internationale des Naufrages*.

BOMBES LUMINEUSES.

La bombe lumineuse a été proposée entr'autres par M. Manby; elle est fort ingénieuse, et sert à éclairer la trace de *la corde* projetée sur le navire pendant la nuit.

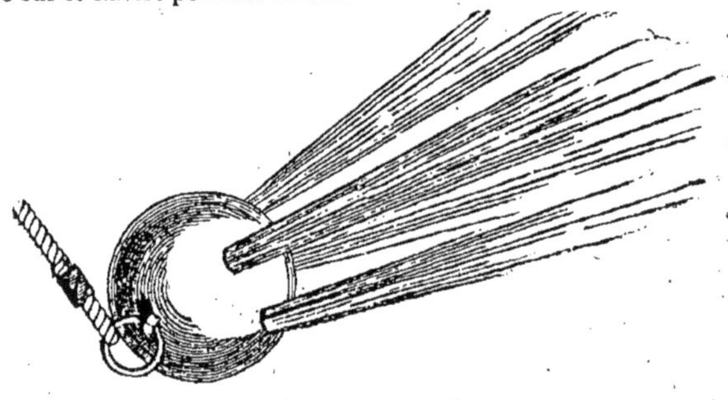

(1) Nous sommes loin de partager l'opinion de M. Manby, qu'il faut tirer de manière à ce que le vent fasse tomber la corde déviée sur quelque partie du vaisseau. Nous pensons, au contraire, qu'il faut pointer le boulet en pleine mâture au vent, au lieu de laisser la corde faire une grande courbe.

Cette bombe percée de quatre trous de 3 centimètres de diamètre, dans un rayon qui s'étend de 5 à 8 centimètres à l'entour du piton, est chargée de matière fusante comme les fusées d'artifice. Cette matière en s'enflammant répand au loin une vive lumière.

On tire la *bombe lumineuse*, comme les bombes de sauvetage, si ce n'est que l'on mouille 30 à 40 mètres de la corde au lieu d'un seul.

On se sert dans tous les établissements de *bombes à grapins.*

Lorsqu'un navire est trop éloigné pour recevoir une bombe, on file une ligne, avec un baril qu'on laisse aller en dérive au rivage, on peut lancer par-dessus la bombe à grapin, qui fait office d'une gaffe ; la ligne qui est repoussée par le ressac, se trouve saisie alors par le grapin de manière à ne plus pouvoir échapper.

Ainsi, il est bon de savoir que, la *bombe à grapin* comme les *grapins* de M. Touboulic, sert à aider un équipage trop éloigné pour le recevoir pour intermédiaire. On voit combien il est facile de franchir les distances, et combien les hommes sont ingénieux, quand ils veulent échapper à la mort qui les menace.

DU MORTIER DE PETIT CALIBRE A BORD.

Nous ne parlerons pas, comme dans nos premiers rapports sur la *conversion des armes de guerre en moyen de salut*, du mortier de petit calibre substitué aux petites caronades sur les navires du commerce.

L'invention du *grenadier de salut* répond à tout ce qu'on peut attendre d'un *mortier*, pour établir une communication entre un navire et la terre, appeler les pilotes, faire des signaux de détresse, tirer le canon d'alarme, s'amarrer à une jetée dépassée, communiquer en pleine mer, avec un navire, sans aborder, établir un va et vient avec une embarcation mise à l'eau pendant un mauvais temps, pour l'aider à gagner le bord, et vaincre le ressac.

L'amiral Hugon nous disait, un jour, que s'il avait eu à sa disposition, à Ourlac, un petit *grenadier*, les marins de l'*Iéna*, portant de l'eau à la *Belle Poule*, ne se seraient point perdus sous ses yeux, et sans qu'il lui fût possible de les secourir. — *Ab uno disce omnes.*

Lors du naufrage de la *Marne*, à Philippe-Ville (le 25 janvier), il nous a été démontré que des 52 personnes qui on péri écrasées par les débris en cherchant à se sauver au moyen de pièces de mâture et de panneaux filés à la côte, presque toutes auraient échappé avec les *bombes-amarres* ; et ce fait est d'autant plus certain que le capitaine Sabatier, cet homme qui a montré un sublime sang-froid, a cru qu'en abattant le mât d'artimon, il pourrait faire un pont pour gagner la terre. Le moindre projectile mû par la poudre, sauvait donc tout le monde. (1) *(Voir la note à la page suivante.)*

DE L'INFLUENCE DU MOUVEMENT DE LA TERRE, SUR LE TIR DES PROJECTILES.

On sait, et feu Poisson l'a démontré, que mathématiquement parlant, le tir doit subir des modifications par rapport à la rotation de la terre de l'*Ouest* à l'*Est*, à la position des points cardinaux du globe, etc. etc. Mais dans la *balistique du sauvetage*, nous ne tiendrons pas compte de l'influence de la *rotation de la terre*, sur le *mouvement du projectile*, non plus que de l'influence que la *rotation des projectiles* même peut produire sur leurs *mouvements de translation;* parce que nous estimons que ce sont des théories applicables seulement à l'action des globes isolés, libres, indépendants, avec lesquels on se propose d'arriver à une appréciation la plus mathématique possible; parce que dans notre traité, il s'agit simplement de *pratique*, et que nous ne nous trouvons pas dans une position à ne pas faire abstraction de la résistance extraordinaire de l'air qui a une si grande influence sur le résultat de nos opérations; parce que les *bombes amarres* dont nous nous servons sont encore bien moins *sphériques* et *homogènes* que les projectiles de guerre, et qu'ainsi elles ne tournent pas en s'échappant de l'âme du mortier autour de l'un de leurs diamètres avec la même rapidité et continuité, comme dans le tir des autres globes de guerre, mais qu'elles sont garnies d'un piton à anneau faisant opposition au changement de l'axe de rotation, à son éloignement de la direction du tir; parce qu'enfin, la *bombe amarre* décrit la plus grande partie de sa trajectoire comme dans le cas où la pesanteur étant la seule force qui agit sur les points du projectile, elle ne peut faire tourner ce corps autour de son centre de gravité.

OBJECTIONS CONTRE LES EFFETS DES BOMBES-AMARRES.

Bien des personnes se préoccupent par trop de prétendues difficultés du tir, et par conséquent nient la possibilité d'atteindre un navire. Les unes disent que la mobilité de l'objet qui sert de but, rend le sauvetage trop problématique ; les autres, qu'il est impossible d'avoir des mortiers tout le long de la côte ; ceux-là, qu'on ne parvient pas à parcourir une assez grande portée; ceux-ci, que le service deviendrait trop coûteux ; enfin, le plus grand nombre objecte les dangers résultant de la chûte de la bombe sur le navire.

Je répondrai aux uns et aux autres que les navires ne changent pas de place après l'échouement, qu'ils ne font que rouler ; que les dangers de la côte ne sont pas semés l'un sur l'autre, mais souvent très distancés, au contraire ; que la France renferme, par exemple, des localités où les sinistres se renouvellent périodiquement ; que les naufrages et les échouements se font à certaines places marquées

---

(1) Je ne parlerai pas de ces cinquante autres navires qui ont été engloutis, le même jour, dans la baie de Stôra, cela fait frémir. Que penser d'un peuple civilisé, d'un gouvernement qui se dit l'ami du progrès, et qui ne prend point en considération de tels malheurs périodiques? qui les laisse passer sans cesse, se renouveler toujours, sans obliger ses marins à embarquer, avec leur pain, leur biscuit, leur viande salée, leur eau, leur vin, leurs alcools, un moyen de sauver tout cela et eux-mêmes aussi, dans les occasions périlleuses dont leur carrière est semée? Comment, il ne se trouvera point un amiral qui se placera à la tête de cette réforme!!

d'avance, comme à Cette (Hérault); à Bayonne (Basses-Pyrénées) à Dunkerque (Nord); à Calais (Pas-de-Calais; à Boulogne (id.); au Hâvre (Seine-Inférieure); à Audierne, dans la Baie de Plozevet et cent autres endroits de la Bretagne.

Dans ces diverses localités, il est hors de doute que le *Sauveteur*, bien armé de *mortiers*, de *grenadiers*, de *fusées* établira, presque toujours, une communication avec les naufragés. C'est là une proposition qui défie la controverse.

Enfin, je réponds qu'il vaut mieux risquer de blesser et même de tuer une personne du bord, (crainte chimérique pour qui a vu l'exercice des projectiles de gros calibre surtout,) que de se dispenser d'avoir un moyen de les sauver toutes.

S. E. le cardinal Camberini étant ministre de l'intérieur, à la fin de l'année 1840, nous faisait un jour, à Rome, les objections les plus multipliées, les plus minutieuses, relativement au tir du projectile sauveur. Mais en terminant, S. E. ajouta: qu'elle avait seulement eu pour but de fortifier sa conviction, par l'effet de mes explications, et que pour preuve elle allait veiller à la propagation de l'artillerie de sauvetage dans les états pontificaux.

Nous terminons par une dernière réflexion:

Il y a des personnes d'une exigence incompréhensible; elles voudraient que nos moyens sauvassent toujours... Mais Dieu seul peut le faire!... Il nous suffit, à nous, d'essayer lorsque l'occasion se présente, et de réussir toutes les fois que cela nous est possible.

DU SYSTÈME DES GRAPINS DE M. TOUBOULIC.

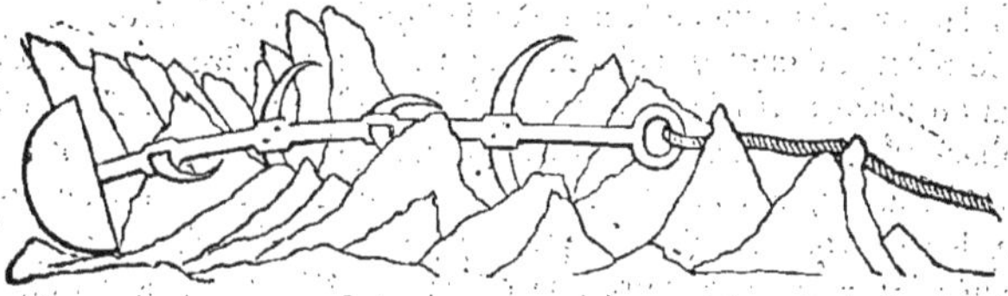

Il est de la plus grande utilité d'avoir de l'artillerie volante; c'est pourquoi l'idée nous est venue de faire un *grenadier de sauvetage*, que l'on peut porter avec soi, à cheval, avec cordes et projectiles. Mais la portée du *grenadier* est bornée, comparativement à celle du canon.

Nous pensons que l'on peut se servir, avec bien des avantages, du *grapin de sauvetage* de M. Touboulic, surtout pour les établissements dépourvus de *mortiers*. — Toutes les caronades, n'importe leur longueur, peuvent être utilisées pour le service du *grapin*, mais surtout la pièce de quatre.

Le *grapin de sauvetage* est une tige métallique, une espèce de grande broche garnie de plusieurs crocs en forme de bras d'ancre; on implante l'une de ses extrémités dans une moitié de boulet plein qui repose sur la charge au fond du canon. — Les crocs décrivent un arc hyperbolique.

La tige, ou broche s'allonge en raison de la profondeur des pièces d'artillerie dont on fait usage. Les crocs sont au nombre de huit à dix, croisés et du calibre de la pièce, excepté celui ou ceux qui sortent de l'âme et que l'on peut laisser plus longs que les autres.

On attache la corde à l'extrémité de la broche comme on fait pour les bombes.

M. Touboulic a pointé à l'angle de 26 degrés dans les expériences qu'il a faites, ce tir étant le plus favorable.

FLÈCHES DE M. MURRAY.

Le fusil de sauvetage de notre honorable collègue M. Murray (1), peut se transporter comme une carabine ordinaire. Les *flèches* ont

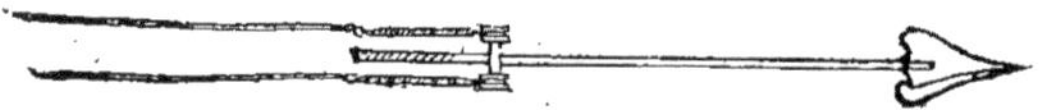

un poids qui ne dépasse pas quelques onces. — Elles ont 48 centimètres de longueur, 1 centimètre de diamètre, et peuvent porter une petite corde à environ 80 mètres de distance avec charge de 2 grammes de poudre.

FLÈCHES DE M. MACQUET.

M. *Macquet*, ancien employé de l'Inscription maritime au port de Calais, témoin des affreux malheurs que les tempêtes occasionnent sur cette côte, fit des essais en 1818, pour envoyer un bout de

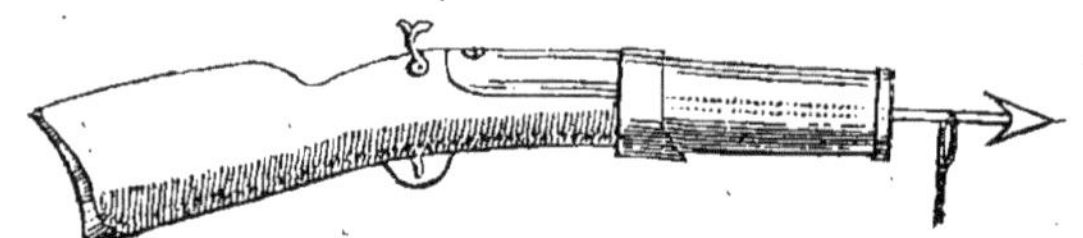

Lusin, aux embarcations naufragées, au moyen d'un *fusil*. Dépourvu de facilité pour donner plus de développement à son projet, il n'eut pas de suite. M. l'amiral Rigny, n'y fit guère attention L'amiral Duperré, à l'âme noble, l'accueillit seul favorablement, il en fit publier 50 exemplaires d'extrà par les annales maritimes.

(1) A publié une petite brochure sur ce sujet.

FUSÉES DE GUERRE

CONVERTIES EN MOYEN DE SAUVETAGE.

Comme la *bombe-amarre*, la *fusée de salut* a ses *ancres* et ses *grapins*; comme elle, vous la voyez se cramponer au bastingage et au-grément du navire; et lorsque, tirée du rivage, elle a pour mission d'arracher un bâtiment des récifs et de sauver un équipage épuisé par la faim, le froid ou la fatigue, comme elle, vous la voyez déployer ses *ancres*, rester fixée à la crête des rochers, ou s'enfoncer dans le sein de la terre.

La *fusée* a, de plus que le *mortier*, l'avantage d'être *légère*, *portative*, *toujours prête*, d'avoir une *grande portée* et de projeter naturellement une lumière intense et assez durable sur la scène où elle fonctionne.

Nous avons rendu grâce à MM. les ministres de la guerre, pour avoir mis la *Société des Naufrages* à même de pouvoir compter désormais sur l'armement d'un assez grand nombre de *mortiers à bombes-amarres*.

Aujourd'hui, nous leur adressons de nouveaux remercîments.

La *Guerre* n'a pas voulu laisser son œuvre inachevée; elle a permis que l'on continuât, aux frais de l'Etat, nos essais entrepris en 1835 pour utiliser les *fusées* au sauvetage des naufragés.

Il faut espérer que toutes les puissances maritimes vont embrasser avec la même ferveur la cause des malheureux naufragés. Nous l'espérons avec d'autant plus d'ardeur qu'aujourd'hui les destinées du genre humain tout entier s'agitent au milieu des flottes des grands empires.

PERFECTIONNEMENT DES FUSÉES.

On doit bien se garder de confondre les *fusées de guerre* fabriquées en France, avec celles de *sir W. Congrève* fabriquées en Angleterre; car l'étude faite à Metz a fait surgir de nouveaux résultats; par exemple, de changer *la position de la baguette de direction, qui est fixée aujourd'hui dans le prolongement de l'axe de la* FUSÉE (ce qui augmente essentiellement la justesse du tir), au lieu de la placer dans le plan tangent au *cartouche*, comme dans le système anglais.

Indépendamment de cet avantage, les éléments constitutifs de la *matière fusante* ont été perfectionnés.

Un mélange plus intime, une composition plus homogène, ont favorisé le phénomène de la combustion et de l'expansion des gaz.

Enfin, le nombre et la dimension des orifices destinés à l'échappement des gaz agissant dans le sens opposé au mouvement ont été parfaitement déterminés.

Nous allons entrer dans les explications nécessaires, grâce aux notes que nous tenons de la bonté de M. le Lieut.-général d'artillerie baron Duchand, pour faire bien connaître cette arme et le parti que l'on peut en tirer *comme moyen de sauvetage*.

FUSÉES DE GUERRE DU CALIBRE DE 3° 1/2.

Longueur du cartouche à partir du plan de jonction de la douille et du culot.	0m,657.
Saillie du boulet au-dessus de la tranche du cartouche.	0, 048.
Longueur totale du cartouche armé d'un boulet plein.	0m,705.
Longueur de la baguette de direction (1).	3, 000.
Longueur totale de la fusée armée et équipée. . . .	3m,705.

Le diamètre moyen de la fusée de 3° 1/2 est de 0m,098.
Le poids de la composition dont le cartouche est chargé est de 4k,823.
Le poids total de la fusée armée et équipée est de 15k,983.

Pour les opérations de sauvetage, on substitue au *boulet fulminant* une *ancre d'égal poids*.

Dans le tir des *fusées de guerre*, on se sert, pour assurer la direction des projectiles au départ, d'un tube cylindrique en tôle.

Dans le tir des *fusées de salut*, emportant avec elles une *amarre* et une *ancre*, on ne pourrait faire usage d'un *tube-directeur* cylindrique. Nous nous sommes servis, à Saint-Ouen, d'une espèce de *gouttière* en planches dont le diamètre était combiné avec celui des projectiles de 4 millimètres.

---

(1) Le changement de position de la *baguette de direction* dans le prolongement de l'axe de la *fusée* a rendu nécessaire de placer 5 orifices, au lieu d'un, au culot, pour laisser échapper les gaz. L'écartement de ces orifices est combiné de manière à ne pas donner trop de liberté aux gaz, ce qui diminuerait sensiblement la vitesse du projectile.

La *baguette de direction* est une partie très essentielle de la *fusée;* cette pièce, vissée au *culot*, doit avoir son axe dans le prolongement de celui du *cartouche*. Le *centre de résistance* doit toujours être en arrière du *centre de gravité*, qui doit lui-même se trouver très près du *culot* avant le tir.

Cette partie, destinée à maintenir *l'axe de la fusée dans la direction de la trajectoire*, permet au vent une action qui influe beaucoup sur le mouvement du projectile.

M. *Cailly*, directeur de l'*Ecole royale de pyrotechnie militaire de Metz*, nous a fait observer, très judicieusement, qu'une garniture en tôle de la gouttière la mettrait d'abord à l'abri de l'incendie par les évents du culot lors de la combustion, et aiderait ensuite la *fusée* à glisser plus facilement.

M. le chef d'escadron *Cailly* estime que les *fusées* de 95 mil. porteront une *ancre* du poids de 15 à 20 kil. aux distances ordinaires auxquelles on peut secourir les bâtiments naufragés.

On conçoit que l'angle du tir pour la *fusée de guerre* n'est pas la même que celui pour la *fusée de salut*.

Angle. — La première part ordinairement à l'angle de 15 degrés ; la seconde demande au contraire que l'angle soit trois fois plus ouvert, et elle s'élève d'autant mieux que sa direction est plus en opposition au centre de la terre.

On peut s'en assurer en tirant deux *fusées* d'égal calibre, l'une *horizontalement*, l'autre *verticalement* ; la première ira moins loin que la seconde.

Dès que le feu est porté à la *fusée*, il s'étend violemment à toute la surface conique ; la déflagration a lieu d'une manière symétrique à l'axe du cartouche et dans toute l'étendue de l'âme. C'est lorsque toute cette surface est enflammée qu'elle produit le plus grand dégagement de gaz ; ce dégagement continue pendant tout le temps que la *fusée* met à parcourir environ les deux tiers de sa trajectoire. La force expansive de ces gaz la fait agir dans tous les sens avec une égale énergie. Leurs actions perpendiculaires à l'axe de la *fusée* se détruisent réciproquement : l'expansion du gaz s'échappant par les orifices du culot, rend nul son action dans le sens de l'axe opposé au mouvement; celle agissant dans le sens du mouvement parallèlement à l'axe est le seul moteur du projectile (1). Cette action s'accélère jusqu'au moment où la combustion parvenue au massif de la matière fusante ne brûle plus qu'à la manière des gerbes d'artifice, et ne produit plus assez de gaz pour accélérer la vitesse de la *fusée*, qui dès cet instant ne se meut plus que par la force d'impulsion acquise précédemment.

La *fusée* est à peu près généralement reconnue aujourd'hui *comme un mauvais instrument de mort*. L'effet d'une *fusée* est inférieur à celui d'un *boulet de 8*, d'un *obus de 24* et d'une *boîte à balles* de l'une de ces bouches à feu. — On n'est point encore parvenu, d'ailleurs, à perfectionner le point le plus important, c'est-à-dire le principe d'après lequel se meuvent les balles que contient le boulet creux.

— La *fusée* ne saurait rivaliser avec aucun des projectiles en usage dans l'artillerie (2).

— Le tir incertain ne permet pas de compter sur son application ; il nécessite un tir simultané.

(1) Cette explication, produit des études faites à l'Ecole de pyrotechnie de Metz, sous les yeux de M. le général *Duchand*, détruirait toutes les théories des artificiers, qui attribuent l'enlèvement de leurs fusées *à la résistance opposée par l'air à la force des gaz*.

(2) Général baron Duchand.

— Les circonstances rares et fugitives dans lesquelles on fait usage des fusées imposent à des conditions indispensables dans la composition du matériel à leur affecter.

La *fusée* ne présente donc d'avantages réels et incontestables que dans son application au sauvetage !..

PRIX. — PORTÉES. — ANGLES. — LONGUEUR DES BAGUETTES DES FUSÉES DE SAUVETAGE.

	Prix.	Portée sans corde.	Angle.	Long. de la bag.
Fusée de 82 mill. (1)	— 33 f.	— 3,250 m. —	45	— 2 m. 72 cent.
Fusée de 70 mill.	— 17 f.	— 1,300 m. —	46	— 2 m. 36 cent.
Fusée de 55 mill.	— 9 f.	— 1,200 m. —	46	— 1 m. 30 cent.

— Ainsi que nous l'avons dit au commencement, la *fusée* placée à bord, est la clé de sauvetage. De terre, il est très difficile d'atteindre un navire aussi bien pour le sauver que pour le brûler; mais il est bien plus facile encore de le sauver que de le brûler, parce que pour la première opération il suffit que le développement de la corde l'atteigne du bout du beaupré au mât d'artimon, tandis que pour la deuxième la *fusée* doit toucher sur le pont même du navire qu'elle a mission d'incendier.

FUSÉES DE SAUVETAGE INVENTÉES PAR M. J. DENNETT,

Agent-général de la Société à l'île de Wight.

Les fusées dont se sert M. *John Dennett*, de l'*île de Wight*, varient dans leurs calibres, ainsi que les *projectiles de guerre*. Comme eux, on les tire sur un chevalet, mais leur feu est communiqué au moyen d'une *platine à percussion*. Le *chevalet* a un mouvement circulaire qui donne le *plan du tir*, et un arc gradué pour *les angles de projection*.

M. *J. Dennett* prétend que son système de *fusée* n'a rien de commun avec celui de sir *William Congrève*, et que d'ailleurs le mode de fabrication qui lui est propre remonte à une époque antérieure à la bataille de *Leipsick* (1813).

M. *Dennett* estime que l'on doit adopter la *fusée de 55 mill.* pour le service général, parce que, *parée* et *équipée*, on la transporte facilement dans tous les endroits accessibles aux piétons. Elle pèse de 6 kilos. à 9 kilos. Deux hommes peuvent porter 6 *fusées* avec leurs trépieds, et 335 mèt. 400 mill. de *ligne d'amarre*, au pas de course.

— Les *fusées* de fort calibre sont armées de manière à s'attacher d'elles-mêmes au gréement ou à toute autre partie du navire ; par ce moyen le vaisseau peut être sorti des récifs, sans avoir recours à un équipage souvent épuisé de fatigue ou paralysé par le froid.

Prévoyant le cas d'une côte déserte, M. *Dennett* arme ses *fusées* de manière à ce qu'elles pénètrent profondément dans la terre et s'y

(1) Ancre et grapin à part.

fixent solidement; on peut alors envoyer au rivage souvent un *canot*, mais toujours un *matelot*.

Quatre hommes sont nécessaires pour le service des *fusées* : deux d'entr'eux portent les *fusées* ; deux, le *cordage de* 200 *toises*, le *chevalet* et les *baguettes*.

— Avant de passer outre, nous devons rendre hommage à M. *Dennett*, que la Société a décoré de sa *médaille de vermeil*. Cet estimable philantrope, moins favorisé que *sir William Congrève*, qui commandait à *Woolwich*, a dû surmonter mille obstacles pour arriver à son but, qu'il n'a atteint qu'à force de courage et de persévérance, les plus solides appuis de l'homme de bien. Des sauvetages multipliés ont récompensé amplement notre honorable collègue.

FUSÉES DE SIR WILLIAM CONGRÈVE.

Les *fusées* de *sir William Congrève*, sont sorties toutes meurtrières de son cerveau. Une pensée de destruction présida à leur invention.

M. *Dennett*, lui, n'eut jamais qu'une seule pensée, *sauver ses semblables* du naufrage.

W. Congrève voyant que *J. Dennett* employait les *fusées* à l'île de Wight au sauvetage des naufragés, chercha à utiliser de la même manière les projectiles qu'il fabriquait à *Woolwich* pour les armées britanniques ; mais, en définitive, soit que leurs défauts aient fléchi devant l'opinion des appréciateurs, malgré la haute influence de leur auteur, on ne s'en sert plus aujourd'hui. L'Angleterre semble respecter l'invention de M. *Dennett*, parce qu'elle satisfait à tout, sans doute, et qu'il ne serait pas loyal de faire concurrence à un homme de bien et qui a pour lui la priorité, en lui opposant les forces de l'État.

Nous croyons, au contraire, que l'Angleterre, qui a gratifié M. *Manby* de 6,000 louis, pour avoir propagé le système imparfait des *bombes-amarres*, que le sergent d'artillerie *Bell* avait développé, dit-on, à la Société des Arts dès 93, ne sera pas moins généreuse envers le plus ardent propagateur des *fusées de salut*, et qui a incontestablement la priorité dans la Grande-Bretagne.

Sir William Congrève s'est proposé d'établir une communication *entre un navire* et *une terre déserte*.

Il a paru au directeur de Woolwich qu'on pouvait lancer à terre une *ancre*, avec une corde double passée dans une poulie attachée à l'*ancre*.

Sir William attache son chevalet au plat-bord du navire ; il prétend porter une *ancre de* 30 *kilos*, une double *amarre* de 13 mètres de diamètre avec sa poulie, à 300 *yards*, à l'aide d'une *fusée* de 6 mèt. 16 cent. ou de 1 k. 1/2.

Dans ses premières expériences, faites avec l'approbation de M. le *duc de Wellington*, sir *William* ne put empêcher les deux cordes de se croiser pendant le trajet de la *fusée*, ce qui arrêtait infailliblement l'action de la poulie.

Pour obvier à cet inconvénient, *sir William* attacha les deux cordes à l'ancre pour les lancer à terre ; l'une est destinée à servir de guide entre les vaisseaux et la terre, en passant par une poulie attachée en haut de la nacelle (qui est un globe); l'autre est employée par la personne dans la nacelle pour se tirer à terre.

Les pattes de l'*ancre* sont articulées et s'appliquent contre sa tige, qui a la forme d'un dard. Ainsi construite, l'*ancre*, dans sa chute, pénètre profondément en terre, et lorsqu'on tire sur la corde, les pattes s'écartent un peu, et la résistance devient si grande, qu'il est impossible de l'arracher. Cette manière de construire, l'*ancre* est le résultat de nombreuses expériences de *sir W. Congrève*; une partie de l'*ancre* vers son extrémité près de la *fusée* est très faible, pour qu'elle puisse se rompre dans cet endroit par la violence du choc contre la terre. Cette disposition a pour effet d'empêcher l'*ancre* d'être soulevée par le grand bras de levier qu'offre la *fusée et sa baguette*, ce qui arriverait si elle n'était pas détachée par le choc.

La partie supérieure du cartouche de la *fusée* est fermée au moyen d'une calotte sphérique en tôle; il y a un trou taraudé pour recevoir la tige de l'*ancre*; c'est dans cette partie, qui est la plus faible, que la tige se rompt, et que l'*ancre* se détache de la *fusée*.

L'*ancre* est toujours plus forte que la *fusée*.

Lorsque le rivage est habité, on substitue à l'ancre, qui n'est plus nécessaire, un bouton terminé par un anneau auquel est attaché la corde, que l'on visse dans le trou taraudé au centre de la calotte sphérique.

On diminue aussi le calibre de la *fusée*. On peut employer celle de 5 centimètres 1|2, qui porte à plus de 600 mètres, sans corde.

Les *fusées à ancre* se tirent sur un chevalet; il est composé de trois pieds, dont celui de derrière a 4 mètres 64 centimètres de longueur. *Le tube des fusées ordinaires* est remplacé par un auget *angulaire*, dans lequel on place la *fusée*; cet auget forme le pied de derrière et se replie, ainsi que les pieds de devant, pour faciliter le transport. Le tout se met dans une caisse. La caisse a 1 mètre de longueur sur 40 centimètres de largeur; elle contient une *fusée* de 6 kilog. (6 centimètres 1|2) et 2 *fusées à ancre* de 16 kilog. (10 centimètres), avec le chevalet, plus 800 yards de corde de 12 millimètres de diamètre toutes lovées sur cadres.

FUSÉES DE Mrs GODDE DE LIANCOURT ET RUGGIERI.

M. Godde de Liancourt et Ruggieri, ont composé des fusées de sauvetage de la manière suivante :

	Fusées chargées, poids 3 kilog. 200 gram.
Salpêtre 6 parties.	Long. du cartouche 50 cent.
Charbon 8 —	Diamètre 6 cent. 1/2.
Soufre 4 —	Baguettes long. 1 m. 56 cent.
	Poids de cel. 65 gram.

Sur cinquante essais, pas une seule n'a crevé; la composition est telle quelle s'améliore en vieillissant.

On leur donne plus de force en ajoutant à la composition, de la poudre en poussière, tamisée. Mais c'est aux dépens de la conservation du projectile.

Nous n'avons pas cru devoir faire un secret de la composition de ce moyen de sauvetage ; il semble même que l'usage auquel on le destine, commande la plus grande publicité possible.

La portée de ces fusées, avec ligne de 4 millimètres de diamètre, a été constamment de 350 mètres, sans presque de déviation.

Un artificier du faubg. St-Dénis, avait essayé des fusils dont nous lui avons donné l'idée, mais l'exécution ne nous a pas satisfait.

Les *fusées* les plus fortes avaient une âme de 5 cent. de diamètre ; un cartouche de carton, de 40 cent. de longueur, 60 avec le cône en bois qui les surmontait ; une baguette de 4 mètres de longueur.

Les fusées contenaient près de 2 kilog. de charge ; la portée était de 300 mètres, avec une ligne de 3 millimètres seulement.

Fusées de M. Gordon-Carte.

M. Carte, directeur des Sauvetages de la Société des naufrages, à Hull, a fait l'expérience publique de *fusées* de sauvetage, imitées de M. *Congrève* et *Dennett*, le 3 Nov. 1836, à la citadelle ; le succès a couronné ses efforts, et plusieurs projectiles ont été dirigés heureusement par dessus un navire mouillé à 250 mètres du rivage. Le cartouche *des fusées* de M. *Carte* est en fer ; la matière fusante est celle de *Congrève* ; la baguette est vissée dans l'axe de la fusée ; le chevalet est à degrés.

M. *Carte* a établi vingt stations sur la côte, et rendu des services importants à l'humanité. Une boîte de 6 fusées, un chevalet, deux lignes de 250 mètres, chacune coûtent 200 fr.

Fusées de S. E. Emin-Pacha.

Notre très honoré collègue S. E. Emin-Pacha, aujourd'hui directeur de l'Ecole Polytechnique à Constantinople, a publié un mémoire sur le perfectionnement à apporter aux *fusées* de sauvetage, nous avons prié S. E. de faire connaître à la Société les résultats de ses travaux.

Fusée de M. Trengrouse.

M. Trengrouse a fait des *fusées* de sauvetage, de 200 grammes, lesquelles portaient une petite ligne à 80 mètres.

QUELQUES RÉFLEXIONS

Sur l'emploi des armes de guerre au salut des naufragés.

Chacun de nous se demandera, maintenant, comment il se fait que depuis quatre cents ans on se soit uniquement occupé à perfectionner la poudre pour tuer les hommes, tandis qu'il était si facile de faire tourner sa puissance au sauvetage des malheureux naufragés?

C'est évidemment parce l'homme, en général, est plus occupé à se défendre que disposé à secourir ses semblables.

Effectivement, convertissez l'*artillerie* de guerre en *moyen de salut*; vous serez à peine honoré d'un regard; vous n'aurez d'autre récompense que celle qui naît de la conscience d'avoir fait une bonne action, car vous rencontrerez peu de *Georges III* conférant le titre de *baronnet à lord Exmouth*, pour avoir sauvé la vie à des naufragés.

Fabriquez, au contraire, les instruments les plus meurtriers, et vous serez comblé d'honneurs et de richesses; les gouvernements vous placeront dans la condition la plus favorable pour produire le désordre. C'est pour cela que les fabricants de *fougasses*, de *roches à feu*, de *brûlots*, *grenades*, *fusées meurtrières*, *mines*, ont toujours fait leurs affaires. Honneur donc à ceux qui préparent savamment des artifices capables de porter au loin la terreur, la désolation et la mort!

Quelque jour même, celui qui se contentera de préparer des *poudres* avec du *charbon*, du *soufre* et du *salpêtre*, finira par mourir de faim, tandis que ceux qui fabriqueront des apprêts de mort avec le *muriate suroxigène de potasse* arriveront aux grandeurs.

Étranges vicissitudes des choses humaines! On raconte que la *première bombe de guerre* fut lancée en 1495, à Naples, sous Charles VIII; et ce fut seulement en 1837, ou quatre cents ans plus tard, que nous montrâmes publiquement les premiers, en France, que cette même *bombe de guerre*, du plus fort comme du plus mince calibre, pouvait sauver des hommes au milieu des dangers!

Les *fusées à la Congrève* ont brûlé *Copenhague*; elles ont quelquefois porté la désolation sur les côtes et dans les rangs des armées: le gouvernement les prodigue en expériences (1), et c'est à peine si nous pouvons en obtenir quelques-unes des magasins de l'État. Il a fallu toute la bienveillance de deux ministres de la guerre pour échapper aux résultats de la classification du budget.

Manifestons hautement l'espérance que, dans un avenir prochain, la législation de France, bien éclairée sur toutes ces graves questions, votera, par acclamation, tous les moyens nécessaires pour donner une grande impulsion à l'organisation des moyens de sauvetage, et que toutes les puissances maritimes s'associeront à l'envi au mouvement progressif.

---

(1) Les officiers d'artillerie n'attachent pas grand prix, comme nous l'avons dit, à l'introduction des *fusées* comme arme de guerre. Cette introduction dans le matériel d'artillerie date de 1827-28, après son importation par M. *Bedfort*.

BALISTE DE SAUVETAGE.

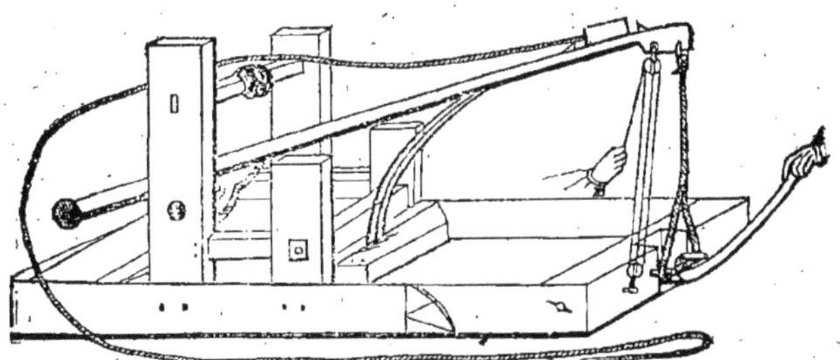

M. le capitaine de frégate Touboulic, Membre de la Société, a fait une *baliste*, dont les matériaux se trouvent dans tous les arsenaux maritimes, dans les chantiers et usines des ports de commerce, pour installer à bord des bâtiments, depuis la simple chaloupe jusqu'au plus grand vaisseau.

Les proportions que M. Touboulic donne à sa baliste sont : montants 1 mètre 80 centimètres de hauteur.

Petits montants, 1 mètre 20 centimètres.

Grand ressort et petits ressorts de renforcement placés sous la flèche, ou *baliste* proprement dite.

La *baliste* et les ressorts sont fixés sur les montants d'appui par des écrous et boulons de fer.

On voit à l'avant le levier de détente qui sert à déterminer le lancement du projectile.

Le projectile à l'extrémité de la *baliste* a la forme d'un parallélogramme ; il est construit en bois de chêne, lesté à son extrémité d'une crampe en fer, qui sert à soutenir le poids du métal nécessaire pour entraîner la corde.

M. Touboulic conseille d'avoir des *balistes* semblables sur le plus grand nombre possible de points de la côte.

Quand on comparera l'action de la *baliste* avec celle d'un *grenadier*, dont le projectile brave si facilement le vent et la tempête, on concevra aussitôt qu'il doit être bien préférable à la *baliste*, à bord des navires, sur les côtes, les jetées, les quais, dans les ports de douanes, etc., etc.

ARC DE SAUVETAGE.

M de Touboulic, à construit un *arc de sauvetage* pour être installé à bord d'une chaloupe.

La verge de misaine d'une chaloupe de pêche, sert d'arc, la flèche est faite avec un morceau de gaffe ou autre bois. La force de tension de l'*arc* est composée avec un fort bitord, ou cordage, en raison de la résistance : on la retient en retours sur des tolets, comme il est indiqué dans la planche, par un ou deux hommes. La flèche qui porte la ligne est garnie de plomb à son extrémité.

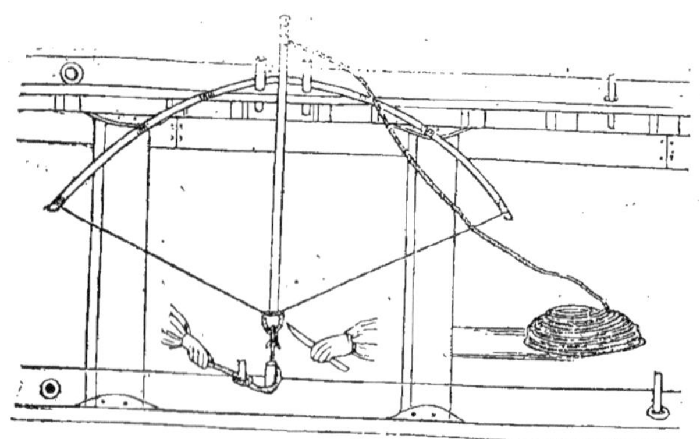

Un homme armé d'un couteau ou d'une hâche, coupe au premier commandement le touron de tension sur le plat bord.

L'ARBALÈTE.

L'arbalète est susceptible de rendre quelques services comme *l'arc* et la *baliste*. Mais sa puissance est très limitée. Il faut pour atteindre à une certaine distance, décrire un grand cercle qui laisse au vent le temps de prendre la corde à revers, et d'entraîner le projectile bien loin du but. J'ai vu à la tour de Londres (et à Paris) au Musée d'artillerie, de très fortes *arbalètes*, dont la force ne serait pas égale à la résistance de la moindre bourrasque de mer.

BISCAYENS-GRAPINS A LA MAIN

Les *biscayens-grapins* à la main, ne sont autre chose que des biscayens du *grenadier*, munis de petits crochets, lancés à la main, et qui reçoivent dans l'anneau de leur piton des lignes de 1 cent. de diamètre, et 10 mètres de longueur.

Lorsqu'un navire est à petite distance, échoué au pied d'une falaise, ou dans toute autre position, les *sauveteurs* peuvent envoyer *les biscayens à force de bras*, comme font les *frondeurs*.

Ce moyen de sauvetage est excellent pour le service d'un grand nombre de petits ports; à bord des chaloupes, des chasses marées, sur les quais, les môles, etc.

DU BATEAU DE SAUVETAGE,

MODÈLE, LE PRINCE MASSÉNA.

LONGUEUR.—LARGEUR.—CREUX.—QUILLE.—AVIRONS. —INSUBMERGIBILITÉ.—ACCESSOIRES.

DES CONDITIONS QUE DOIT RÉUNIR UN BATEAU DE SAUVETAGE.

LONGUEUR, LARGEUR, CREUX. — Le bateau de sauvetage doit avoir environ 8 mèt. 66 cent. de *longueur*, 1 mèt. 66 cent. de mètre *bau*, et 60 à 66 cent. de *creux*.

Il est important que ce genre d'embarcation soit pointu des deux bouts pour aller dans les brisants, et qu'il ait l'*avant* et l'*arrière* relevés, afin de pouvoir parer un coup de mer au besoin. Le *devant* doit être pincé par le *bas*, et venir en s'élargissant, de manière à l'*épauler*, à l'empêcher d'entrer dans la lame lorsqu'il va debout au vent.

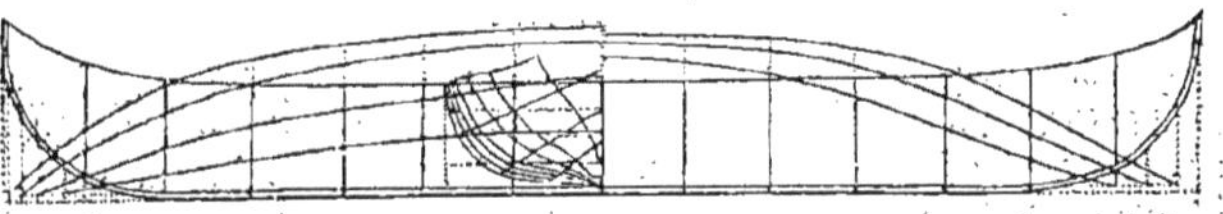

QUILLE. — Il faut donner à la *quille* une légère *courbure*, de manière à faciliter les évolutions et à soulager le gouvernail. Le bateau de sauvetage étant destiné à n'aller que très rarement à la voile doit avoir une quille *large*, mais *très peu saillante*.

AVIRONS. — Les embarcations de sauvetage, dont la mission consiste à naviguer dans la grosse mer, *doivent être gouvernées à l'aviron*.

A cet effet, on place à bâbord de l'*étambot* un support en bois ou en fer sur lequel on repose l'aviron ; on l'y retient au moyen d'une *estrope* qui passe dans l'*étambot*. Cet aviron qui sert de gouvernail doit avoir 7 mètres, pour que, dans une grosse mer, et lorsque le bateau se trouve élevé du derrière, le patron trouve toujours de l'eau sous sa pelle d'aviron, empêche le bateau de venir en travers, et par conséquent de chavirer ou de se remplir.

Avec un *aviron de gouvernail*, on gouverne *toujours*, avec un gouvernail, on ne gouverne *qu'en marchant.*

L'aviron doit avoir un *cabillot* fixé à la poignée et placé perpendiculairement, comme le *can* de la pelle, pour qu'il ne s'échappe pas de l'*estrope*, si le patron vient à s'en dessaisir.

Six avirons en pointe sont nécessaires pour une embarcation de vingt-six pieds; on les manie bien plus facilement, dans une grosse mer, que des avirons à couple, qui demandent une force beaucoup plus grande.

De l'inégalité des avirons. — Comme le *bau* du bateau n'est pas le même partout, il est fort essentiel d'y avoir égard, afin de donner à chaque aviron une longueur convenable et le bien balancer.

Ainsi, d'après les proportions données à une embarcation comme celle que j'admets, il faudrait, pour un aviron de gouvernail de. . . . . 7 mèt.

1° Que le premier de l'arrière eût . .	5	—
2° Le deuxième.	5 32	cent.
3° Le troisième.	5 48	—
4° Le quatrième.	5 32	—
5° Le cinquième.	5 16	—
6° Le sixième de l'avant. . . .	4 79	—

De cet manière, les avirons sont bien en rapport avec le *bau* de l'embarcation dans ses différentes variations, et on peut en conséquence, les manier avec facilité.

Il faut avoir bien soin de fixer les avirons sur le plat-bord au moyen d'une petite chaînette, afin de parer aux accidents qui font quelquefois lâcher prise au rameur.

GENRE ET FORME DE L'EMBARCATION DE SALUT.

Il y a deux sortes d'embarcations bien connues pour aller dans les grosses mers; ce sont : 1°. les *pirogues à clin* en usage pour la pêche de la baleine ; 2°. les *chaloupes à clin* qui servent pour la pêche de la morue sur le banc de Te re-Neuve.

Les premières auront toujours la préférence sur les autres, toutes les fois qu'il s'agira d'aller à l'aviron; car c'est leur qualité fondamentale. En effet, une *pirogue baleinière* bien armée, et surtout bien gouvernée (c'est là le *summum rei*, le *nec plus ultrà*)peut tenir la mer par tous les temps, soit qu'elle aille vent debout, soit qu'elle aille vent arrière.

Les *bateaux de pêche* à Terre-Neuve, quoiqu'ils réunissent aussi des qualités excellentes dans les grosses mers, ne peuvent jamais rendre, cependant, les mêmes services comme *embarcations de sauvetage*, attendu qu'ils ne vont pas convenablement à l'aviron, debout au vent, par un gros temps.

Je pense donc que la meilleure forme de bateau est la *pirogue baleinière.*

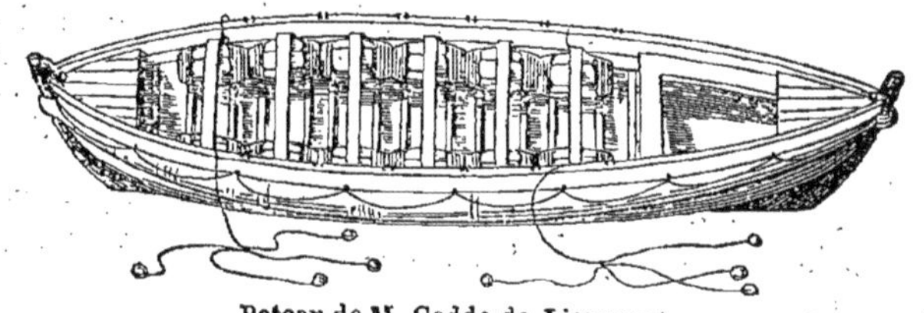

Bateau de M. Godde de Liancourt.

Je suis loin, cependant, d'en faire une condition indispensable; car je crois, au contraire, que s'il faut céder d'abord aux exigences des rivages, il n'importe pas moins de respecter, jusqu'à un certain point, les préjugés et même les préventions des marins de certaines localités, qui ont chacun leurs genres d'embarcation, souvent très différents, mais qui ne laissent pas que de remplir très bien leur but par l'habitude qu'ils se sont faite de les gouverner.

J'ai voulu poser la *pirogue baleinière* comme modèle de bateau de sauvetage, en thèse générale, comme présentant la grâce, la légèreté, les formes, les mouvements rapides, enfin les façons les plus fines, pour diviser ou planer sur les vagues.

INSUBMERGIBILITÉ. — *Marcher vite*, *debout* à la *lame* et *flotter*, tels sont les éléments principaux du problème. — Nous avons émis quelques réflexions sur la condition de la *marche*; maintenant nous devons parler de l'*insubmergibilité*.

La meilleure manière de rendre une embarcation *insubmergible*, c'est de conserver de l'air dans son intérieur. Les conditions à remplir paraissent bien simples, et cependant on ne saurait dire combien les opinions sont différentes sur ce sujet. *Liége*, *gaz comprimés*, *tuyaux remplis d'air*, fixés sur la plateforme, au risque de compromettre à chaque instant l'équilibre de l'embarcation et de lui mettre la *quille* en l'air ; *barils vides*, placés dans toutes les positions, sous les bancs de nage, par le travers, en ceinture, droits, couchés au milieu du bateau ou sur les côtés, etc., tout cela a été conseillé.

Il nous a semblé que la seule méthode à employer devait être la plus simple, la moins embarrassante, la moins coûteuse : elle consiste à placer des *barils vides* estropés et saisis au niveau de chaque banc, et à les fixer solidement aux membrures, ou deux caisses de tôle galvanisées et bien soudées ; à garnir l'*avant* et l'*arrière* de deux forts massifs de liége, divisés par grandes plaques, de manière à être séchées facilement.

Section du bateau de M. Godde de Liancourt.

Au-dehors, on ajuste une *ceinture en liége*, placée au-dessous du plat-bord ; on lui donne un pied de largeur au milieu et six pouces de saillie ou d'épaisseur, allant en diminuant aux extrémités, cette ceinture fait en même temps l'office des *défenses d'abordage*.

A l'*extérieur*, on établit une corde d'un pouce de diamètre qui entoure l'*étrave* et l'*étambot*, pour servir de point d'appui aux naufragés recueillis, soit à la mer, soit à bord du navire ; à l'*intérieur*, indépendamment de cette ligne de câble qui enlace le pourtour de l'embarcation à hauteur de la ceinture de liége, on a de chaque côté une *patte* de *canard* à quatre bouts, et dont chaque extrémité se termine par un rond de liége qui sert à la faire flotter, C'est le meilleur moyen à offrir aux personnes qui cherchent à gagner le bord, et le moins embarrassant pour l'équipage.

Une embarcation de salut doit toujours avoir à son bord une corde de cinq lignes de diamètre, un *grenadier* et *deux fusées de salut*, du plus petit calibre, pour communiquer avec un vaisseau entouré de brisants, ou lorsqu'il roule avec violence. Il n'y a pas de petite précaution qui ne doive être prise au sérieux quand il s'agit de confier à la mer des marins valides et bien portants, des pères de famille au cœur héroïque.

— En somme, c'est une question très difficile à résoudre que celle d'une embarcation destinée à braver le ressac, la houle, les vagues amoncelées par la tempête. Cet objet ne saurait être trop médité, bien qu'il le soit depuis longtemps déjà, puisque le premier *bateau de sauvetage*, pour lequel on demanda un brevet en Angleterre, fut présenté, en 1785, par M. *Lukin*. *Greathead* para le sien la première fois, le 30 janvier 1790, et quoique ce modèle d'embarcation soit lourd, impossible à faire avancer contre les flots, à cause de sa grande tonture, etc., on raconte cependant qu'il a servi à sauver trois cents personnes, en quatorze années, sur les côtes britanniques, au port de Yarmouth! Ainsi, que l'on juge de l'effet des bateaux perfectionnés capables d'inspirer la plus grande confiance aux équipages destinés à les monter!

J'émettrai, sur ce sujet, une dernière considération, c'est que les constructeurs de *bateaux de salut* (quand on n'achète pas de pirogues baleinières toutes faites), doivent s'arranger de manière à gêner le moins possible les mouvements des rameurs, et que l'embarcation, en somme, ne perde aucune des qualités si précieuses qu'elle tient de sa forme.

DIVERS BATEAUX POUR LE SAUVETAGE.

Le bateau insubmergible, inventé par M. *Greathead* (1) a 10 mètres de long sur 3 mèt. 33 cent. de large ; sa *hauteur* du haut du plat bord à la partie la plus basse de la quille dans le milieu, est de 1 mèt. 7 cent. ; sa *profondeur* de la partie la plus haute du plat bord jusqu'aux vaigres a, au milieu, 75 cent. ; sa *hauteur*

(1) M. Greathead a obtenu les récompenses ci-après :

De la Société Royale pour l'humanité, une médaille en or.	
En 1801. De la Société pour l'encouragement des arts et des sciences, une médaille en or et 50 guinées ou.	1,450
De la Société littéraire et philosophique de la ville de Newcastle, 5 guinées ou.	125
De la corporation du pilotage, autrement dite Trinity House, 100 guinées.	2,500
En 1802. Par un bill du Parlement, 1250 st. . . .	30,000
Total. . .	fr. 34,075

de l'extrémité de l'étrave au plan horizontal du dessous de sa quille, verticalement, est de 1 mèt. 88 cent. ; la *quille* a 8 cent. d'épaisseur au milieu, diminuant graduellement vers les extrémités et formant une convexité. L'*étrave* est un segment de cercle d'un très grand élancement. La *section de varangue* de l'avant à l'arrière, avec la direction de la quille est courbe, un peu rentrante par les bouts ; une cloison est faite de chaque côté des têtes de varangue, avec une double rablure ou rainure d'une même épaisseur que la *quille ;* en dehors sont fixées deux *dragues* à peu près correspondant à l'élévation de la quille. Les deux extrémités du fond forment une belle coulée, comme celle que l'on observe dans les embarcations du Nord nommées *Coble.* La distance des têtes de varangue au plat bord est environ de la moitié de la largeur du fond. Cette largeur est continuée très loin vers les extrémités, laissant une coudée suffisante aux deux bouts ; la tonture est régulière du milieu aux extrémités. Le *platbord* déborde de 8 cent. en dehors, en suivant toute la flottaison dans une étendue de 7 mèt. 16 cent. ; ils sont doublés de planches de liége de 43 cent. de largeur et de 11 cent. d'épaisseur, ce qui fait projeter en dehors d'un pied. Ces liéges sont retenus par des bandes de cuivre ; tout le bateau est cloué et chevillé en cuivre. Il y a cinq bancs dans ce bateau, et on peut border 10 avirons, car ils sont à doubles rangs de rameurs ; les bancs sont solidement épontillés ; les *tolets* sont en fer et les avirons ont des estropes, en sorte qu'on peut aisément nager dans le sens opposé. Le bateau est gouverné avec un aviron à chaque extrémité, ces avirons sont d'un tiers plus longs que ceux des rameurs.

La plate-forme du fond du bateau est horizontale recourbant vers les deux extrémités, pour la facilité des rameurs et pour leur donner une grande puissance sur leurs avirons.

Toute la partie intérieure entre le fond du bateau et la plate-forme est remplie de liége. Chaque banc est coffré dans la plus grande partie de sa longueur (1), en sorte que lorsque l'eau joue au raz des plats bords du bateau, il n'y a encore qu'une petite partie de sa carêne d'absorbée, ce qui l'empêche de pouvoir jamais couler. On peut évaluer à 350 kil. la quantité de liéges qu'il faut pour installer un pareil bateau. La construction d'un bateau semblable lui permet de s'avancer parmi les brisants quelque hauts qu'ils soient, et il n'a jamais besoin d'éviter à la lame, attendu que lorsqu'on veut recouer les rameurs n'ont qu'à changer de position. Un simple coup d'aviron a un effet immédiat, puisque ce bateau se remue sur son centre. Sa belle coulée, divisant les vagues quand on s'avance vers elles, combinée avec la courbure du fond et sa forme elliptique, expliquent assez pourquoi ce bateau s'élève avec une grande rapidité au-dessus des plus fortes lames sans embarquer d'eau, quand un bateau ordinaire en serait rempli.

Le bateau *Sauveteur de Greathead* ne peut, il est vrai, avancer à voile dans un coup de vent; mais par sa forme particulière il court de l'avant quand aucun autre bateau ne pourrait avancer à l'aviron; il a été prouvé par l'expérience que ces sortes de bateaux sont les meilleurs pour nager dans les mers agitées.

DESCRIPTION DU BATEAU DE SAUVETAGE DE GEORGES PALMER, ESQ.

M. Palmer, effrayé comme tant d'autres de voir les bateaux chavirer, couler bas, ou retourner la quille en l'air et servir d'éteignoir aux malheureux marins, a donné le plan suivant d'une embarcation de salut et résume ainsi les qualités qu'elle doit avoir :

1°. Que le bateau fût de forme et de dimensions telles qu'on

(1) Nous n'adoptons pas cette disposition du liége qui tend à faire chavirer le bateau sens dessus dessous. (N. du R.)

pût le manier dans une grosse mer et par un fort coup de vent, avec la plus grande facilité et le moins de mains possible;

2°. Qu'il eût une capacité suffisante pour porter ceux qu'il pouvait être destiné à secourir;

3°. Qu'il tirât peu d'eau, afin de passer plus facilement par-dessus les rochers et les écueils;

4°. Qu'il fût léger, afin de pouvoir être transporté par son propre équipage d'un point à un autre du rivage;

5°. Qu'il flottât dans toutes les circonstances, soit vide, soit plein d'eau;

6°. Que son centre de flottaison fût placé de manière à ce qu'il ne pût chavirer dans le cas où une lame viendrait à briser sur lui, et que, s'il venait à être jeté sur le côté, on pût le redresser lorsqu'il est plein d'eau.

Dimensions.

Mètres.	Centimètres.	
8	10	longueur de bout en bout,
1	879	largeur *idem.*
0	870	creux au milieu,
0	15 1/2	hauteur de la quille,
0	46	élancement à chaque bout,
1	18	fargues de 4 pouces 1/2 de hauteur.

Les expériences faites avec ce bateau ont justifié toutes les espérances de M. Palmer.

Ce bateau ressemble à la pirogue baleinière, pointu des deux bouts, plus plein à l'avant qu'à l'arrière, mais plus plat dans les fonds, avec plus de bau en proportion de sa longueur, afin de laisser à son équipage un espace suffisant entre les caisses latérales, à air, dont il est pourvu de l'avant à l'arrière. Ces caisses (trois sur chaque côté) occupent un espace de quarante-trois pieds cubes, présentant par conséquent une puissance de flottaison, ou tendance à flotter, de 23 quintaux, également répartie sur chaque côté, afin d'empêcher le canot de chavirer. Il existe trois autres caisses à air, une à l'avant et deux à l'arrière, contenant ensemble 35 pieds cubes 2/3, et constituant une puissance émersive de 20 quintaux, et quatre caisses de plat-bord en fer-blanc, contenant 3 pieds cubes 1/3 de déplacement. Ces caisses, placées très haut, d'après les formes du bateau, l'empêchent de couler sous une lame, et tendent matériellement à le redresser, dans le cas où il aurait chaviré par la force du vent ou d'un coup de mer. La puissance de flottaison totale de toutes les caisses, étant égale à 45 quintaux 1 gramme 22 livres, est suffisante pour supporter trente personnes assises entièrement au-dessus de l'eau; et si elles étaient assises dans le canot comme on le fait ordinairement, alors qu'une partie considérable de leur corps serait plongé dans l'eau, le bateau pourrait en supporter autant qu'on en pourrait placer dedans et autour de ses côtés; car il est bien reconnu qu'un déplacement de 5 kilogrammes suffit pour soutenir une personne tête et épaules hors de l'eau; et la force de flottaison étant répartie entre huit caisses séparées, si deux ou trois de ces caisses se trouvaient endommagées, ce serait de peu d'importance pour la sûreté des personnes qui se trouveraient dans le bateau.

Les caisses à air latérales sont assujetties aux côtés par le moyen d'un listeau solide placé des deux côtés de la carlingue, et cloué aux varangues, ayant quatre oreillons dans lesquels entrent des crochets fixés à des panneaux assez larges pour atteindre la hauteur des grandes caisses, recouvertes par des planches jusque sous les bancs. Elles sont maintenues dans leur position verticale en étant attachées à d'autres panneaux retenus entre chaque banc par des crochets fixés au bordage du canot, lesquels panneaux forment de chaque côté une plate-forme continue au niveau des bancs, et empêchent ainsi les caisses d'être endommagées; en même temps qu'ils forment deux caissons latéraux complets, dans lesquels on peut placer, au lieu de caisses à air, de petits barils, ou même tout ce qui est spécifiquement plus léger que l'eau, afin de rendre le bateau également insubmergible, eu égard à l'excès de déplacement de l'objet dont on aura fait usage; du sapin sec seulement ferait du bateau un bon catamaran.

Quatre dalots, deux de chaque côté, sont pratiqués au-dessus des caisses à air pour laisser écouler l'eau qui pourrait entrer dans le bateau, lorsque la mer vient à briser dessus.

Sa longueur est de 9 mètres 10 centimètres, et sa largeur de 2 mètres 24 millimètres; il borde 6 avirons; a deux voiles latines; gouverne avec un petit aviron ou un gouvernail, selon que l'occasion l'exige; a sur chaque côté de l'avant un taquet pour pouvoir y tourner un grelin, et de hautes fargues pour empêcher l'eau d'entrer dedans quand on le met à la mer, et de petites lignes ou attrapes fixées sur son plat-bord, pour que les hommes puissent s'y accrocher.

Le poids total du bateau en sortant des mains du constructeur, non compris ses objets d'armement, tels que mâts, avirons, etc., est seulement de 464 kilogrammes, de sorte que son équipage n'aura pas de peine à le transporter sur le rivage, vers un endroit d'où il serait plus convenable de le mettre à la mer, afin d'atteindre l'objet en vue. Le poids de ses objets d'armement, avirons, etc., est 281 kilogrammes 999 ; mais le déplacement de ces objets étant plus grand que leur poids, si on les attache aux bancs, ils serviront à augmenter considérablement la tendance à flotter du tout.

Le banc de l'arrière est fait de manière à pouvoir se démonter, afin de donner l'aisance de placer les caisses à air ; mais lorsqu'il est remis, en place, il est assujetti sous le plat-bord par des targettes qui le rendent aussi solide que les autres bancs qui sont à demeure.

D'après les expériences qui ont été faites sur la rivière avec ce bateau, on a trouvé que sans lest dans le fond, et avec huit gueuses d'un demi-cent attachées sur les bancs, et ses deux mâts en place, si on l'abattait sur un autre canot de manière que la tête des mâts se trouvât à la hauteur des mains de ceux qui l'abattaient, son plat-bord étant entièrement sous l'eau, il se redressait de lui-même lorsqu'on le laissait aller, de manière que si 203 kilogrammes de fer en bancs étaient assujettis aux deux côtés de la carlingue, il se relevait encore de lui-même, quoique la tête des mâts fût amenée jusqu'à la surface de l'eau.

NOTA. M. Palmer ne fait pas mention d'un bourrelet d'abordage, ou ceinture extérieure, qui rappelle toujours le bateau à la position horizontale pendant la marche.

La Société Générale des Naufrages a des bateaux construits à peu près sur ces modèles à Quimper (Finistère), Bone (Afrique), Philippeville (Afrique), Biarritz (Basses-Pyrénées), Roscoff (Finistère), Lorient (Morbihan), Cette (Hérault), Livourne (Toscane).

BATEAU D'AMSTERDAM.

M. *Van-Houten*, d'Amsterdam, homme fort habile et très dévoué aux intérêts des pauvres marins, a fait adopter pour le service de la *Société humaine* une embarcation assez gracieuse. Elle présente dans tout son pourtour une série de petites caisses qui sont pleines d'air, et servent à la faire surnager lorsque l'eau vient à la remplir.

Ce *bateau sauveteur* est porté à terre par un charriot à

quatre roues, dont il s'échappe lorsqu'on désire le mettre à l'eau, comme un navire de son ber. Il y a plusieurs analogies entre l'invention de M. *Van-Houten* et celle de *Greathead*, mais le premier est construit avec infiniment plus de grâce et de légèreté que le second.

Bateau de sauvetage hâlé de terre à bord avec un VA ET VIENT établi par le moyen du *grenadier*, de *la fusée*, ou du *canon*.

CHALOUPE DE COPENHAGUE (DANEMARCK).

La chaloupe de sauvetage en usage à Copenhague est solidement construite, de manière à pouvoir résister à une forte mer. Sa dimension est assez large. Elle a ordinairement 8 mèt. 33 cent. de *longueur* sur 2 mèt. de *bau*. On la revêt à l'intérieur comme à l'extérieur d'un épais soufflage de liége. Six à sept hommes y tiennent à l'aise. L'usage en est répandu dans certains pays du Nord.

BATEAU DE L'AMIRAL HUNTER.

Au mois de novembre 1833, l'amiral Hunter avait adressé aux lords de l'amirauté le plan d'un bateau de sauvetage qu'il prétendait réunir les qualités de ne pouvoir chavirer, ni couler à fond, en même temps qu'il pouvait remplir toutes les destinations affectées aux embarcations des batiments de guerre, tant pour aller à l'aviron qu'à la voile, etc. Ce bateau devait avoir toutes ces qualités au moyen de caisses remplies d'air qui devaient y être placées intérieurement, tant dans le pourtour que sous et entre les bancs des rameurs, au besoin.

L'amiral annonçait avoir plus d'une fois installé de cette manière, à bord des divers bâtiments de guerre qu'il avait commandés, ses embarcations, et qu'il en avait toujours été très satisfait.

BATEAU DE SIR SIDNEY SMITH.

Dans le mois de février 1805, on fit à Douvres l'essai d'un bateau de sauvetage, construit d'après des principes particuliers par un marin de ce port, et auquel on donna le nom de *Cancer* ou de *Crabe*, en considération de sa manière de naviguer et de prendre terre.

L'amiral Sidney Smith qui avait donné le plan de cette construction se rendit à Deal pour en faire lui-même en pleine mer l'expérience, qui eut un succès d'autant plus satisfaisant qu'un grand bateau du même port, qui était sorti pour l'accompagner dans ses expériences, fut obligé de relâcher, ne pouvant pas lutter comme lui contre le grand vent et la grosse mer qui se faisaient sentir.

BATEAU DE LOWESTOFF.

Dans le mois de février 1808, un bateau de sauvetage, construit d'après des nouveaux principes, fut mis à l'eau à Lowestoff, et expérimenté avec le plus grand succès pendant un temps et une mer affreux. Ce bateau avait une quille en fer lui servant de lest qui pouvait être augmenté au moyen de barriques, assujetties dans le fond du bateau, et qu'on emplissait à volonté ; il y avait dans l'intérieur et dans toute sa longueur d'autres barriques remplies d'air destinées à le faire flotter, et de plus ses plat-bords, qui avaient une largeur pour cette destination, portaient bien assujetties des caisses remplies d'air et bien hermétiquement fermées, et entourées de liége.

BATEAU DU BARONET CLARGE.

Dans l'année 1809 le Baronet donna la description d'un bateau de sauvetage qui était insubmergible, inchavirable, en même temps qu'il pouvait remplir sous tous les rapports quelconques les destinations affectées aux embarcations tant à rames qu'à voiles, des bâtiments de guerre.

L'inventeur termine cette description en faisant connaître qu'il a lui-même éprouvé ce bateau avec du grand vent, du mauvais temps et une grosse mer sur toute la côte de Cornouailles, ainsi que sur celle du comté de Galles, sans qu'il lui soit jamais arrivé d'accident.

BATEAU DE M. MORRIS.

Le 6 juillet 1811, un bateau de sauvetage, inventé par M. Morris, fut mis à l'eau à Greenwich dans le chantier de M. Crawley.

Ce bateau consistait en quatre grandes futailles servant ordinairement à contenir de la bière, placées bout à bout dans leurs longueurs, et deux plus petites placées à chaque extrémité, mais perpendiculairement. Toutes ces pièces fortement assujetties dans un chassis, formaient le fond proprement dit du bateau. Au-dessus étaient placés des *caillebotis* sur les côtés desquels étaient des bordages qui servaient de plat bord. Tout cet attirail, assujetti par des coins, pouvait être rassemblé en quinze minutes. Ce bateau portait 14 à 15 personnes, et il avait été reconnu qu'il devait être très utile, particulièrement à bord des navires du commerce.

BATEAUX EN TOILE.

Un Américain, M. *Mac-Intosh*, a fait un bateau en forte toile rendue imperméable au moyen du vernis de caoutchouc. Ainsi la coque de l'embarcation est tout simplement une espèce de sac en toile à voile. Ce sac est bordé d'un cylindre creux hermétiquement fermé, fait de la même étoffe, qui forme le plat bord, et, en raison de sa flexibilité parfaite, se courbe suivant la forme qu'on désire lui donner.

Ce cylindre est fixé à un robinet, au moyen duquel on peut l'insuffler, même avec la bouche; une fois plein d'air, le bateau est prêt à servir.

Deux autres cylindres peuvent être attachés l'un au-dessus de l'autre, afin de prévenir tout espèce d'accident qui viendrait à arriver par rupture, si un seul cylindre était employé, ce qui n'est guère probable à cause des matières flexibles dont il est composé.

Nous ne pensons pas qu'un bateau semblable, qui contient, dit-on, 20 personnes avec bagages, et que l'on peut porter roulé à la main, car son poids n'excède pas trente livres, soit jamais propre au sauvetage dans une mer dangereuse.

M. *Kisten*, sujet russe, a fait construire des canots sur ce modèle, à un prix modique; l'idée ne lui en est peut être pas venu seulement de l'Amérique, car cette embarcation présente beaucoup d'analogie aussi avec les *balses*, ou barque de cuir en usage à une époque reculée. M. Kisten destine ses barques au sauvetage dans le milieu des roches.

BATEAU DE SAUVETAGE ÉPROUVÉ SUR LA TAMISE EN OCTOBRE 1840.

Un bateau de sauvetage, en métal, construit avec du fer ductile, du plomb et du fer blanc, et sur des principes pneumatiques ainsi qu'hydrostatiques, ne pouvant ni couler à fond, ni chavirer, a été expérimenté sur la Tamise auprès du port de Londres, au moment ou le reflux était dans sa plus grande force. Ce bateau ayant son équipage de 25 hommes, est susceptible de remplir à bord des bâtiments de mer toutes les destinations affectées aux embarcations ordinaires de ces bâtiments soit à la rame, soit à voiles.

Il était rempli d'eau pour l'expérience, il a passé sous le pont avec la plus grande facilité, et la sécurité la plus parfaite; sa longueur est de 22 pieds, sa largeur de 7, il ne tire que 10 pouces d'eau avec 25 personnes à bord.

MM. Dupuy et Laurent fils, ont déposé au ministère de la marine de France un modèle de bateau de salut, plaqué de zinc rivé.

M. Jevons, de Liverpool, a fait un bateau en fer, exposé dans un Dock en 1822. Il comptait beaucoup sur sa force et sa solidité, sa durée, la rapidité de sa marche, son prix peu élevé.

BATEAU A GLACES DE TH. RITZLER, DE HAMBOURG.

Le bateau de ce philantrope immortel, est fait avec de l'osier et du cuir qui sert à le rendre imperméable à l'eau. Il a 2 mètres 1/2 de quille et 4 mètres à la partie supérieure.

Le bateau glisse sur la glace au moyen d'une gaffe à crochet servant à prendre un point d'appui.

Il est si léger qu'une seule personne peut le conduire sur la glace et sur l'eau, on pratique un ouverture de 1 mètre de longeur sur 35 centimètres de largeur sur le plancher du bateau, les

gent, qu'il faut venir proposer de construire des bateaux de 25,000 fr.

La Société a pris la meilleure voie, elle utilise toutes sortes de bateaux quand elle ne peut pas mieux faire.

C'est ainsi, qu'elle vient d'adresser la prière à M. le Préfet de Police, de ne plus délivrer de permis pour la navigation d'agrément sur la Seine, qu'aux personnes qui justifieront avoir ménagé à leur bord 2 kilos de liége par chaque individu.

Ces liéges sont disposés à l'avant et à l'arrière, avec des bourrelets d'abordages sur les côtés, et une corde qui entoure l'embarcation à fleur d'eau.

— On a proposé de subvenir à l'entretien des moyens de sauvetage, à l'aide d'un faible droit de tonnage, *un centime par tonneau*. Ce serait préparer au problème une solution naturelle et fondée. M. Moquet, voyant sans doute que l'on procédait ainsi en Angleterre, et sur plusieurs points de la France, en a fait l'objet d'un mémoire qu'il adressa au Ministre de la Marine en 1832.

La Société générale des naufrages ne perdra point de vue ce projet si simple, et si logique, si propre à faire atteindre un noble but.

RADEAUX DE SAUVETAGE.

BALZES. — CANOTS DOUBLES. — RADEAUX DE L'AMIRAL SIDNEY SMITH. — CATIMARONS. — CHAMPONS CHINOIS.

Le *Balza* est un radeau composé de deux corps attachés l'un à l'autre par des liens. Ce sont des peaux de loups marins tannées et très dures, cousues ensemble de manière à former un triangle isocèle, ayant l'angle aigu peu ouvert.

— Les *canots doubles et triples* en usage dans l'Océanie sont couverts d'un plancher et entourés d'un garde-fou. Ces *canots doubles* contiennent de 40 à 50 personnes.

Feu l'amiral sir Sidney Smith, ancien directeur-général des sauvetages de la Société Générale, ajoute un canot de plus dans l'intention de donner deux coudes à celui du milieu. L'amiral s'y prend encore d'une autre façon, c'est-à-dire qu'il place de chaque côté du canot du milieu une moitié de canot.

Les *champons* des Chinois sont des embarcations fort jolies, dont les voiles sont fabriquées avec des nattes, et les cordes avec des bambous. On a dit que lorsque les *jonques* chinoises venaient à naufrager, les équipages se précipitaient plutôt au sauvetage du bateau et de la cargaison que des hommes ; mais ce fait se réfute de lui-même, il n'est pas dans la nature ; j'invoque, au contraire, le témoignage du livre chinois si précieux et unique, possédé par notre Société, intitulé : *Ordonnances des Empereurs Kien-Lung et Taou-Kwang*, sur les secours à donner aux naufragés.

Ces ordonnances sont d'admirables modèles de sagesse et d'humanité.

RADEAUX INVENTÉS PAR L'AMIRAL SIR SIDNEY SMITH.

L'amiral sir Sidney Smith se trouvait à Vienne en 1815, à l'époque de la réunion du congrès. Il expliquait aux Empereurs et Rois présents, toutes les ressources que présentaient les pays habités, pour faire des radeaux; et s'exprimait de la manière suivante, vis-à-vis l'Empereur de Russie :

« Sire,

» Là où nous sommes, un peu plus près ou un peu plus loin, il y a une ferme, deux fermes, des maisons quelconques, car nous sommes en pays habité. Qui dit ferme ou maison, dit voitures, charettes ou chariots, planches, poutres, râteaux, instruments à battre le grain ou à le ramasser, tonneaux vides ou qu'il faut vider : eh bien ! avec tout cela, on peut faire aborder là-bas cent mille hommes sans leur mouiller les pieds. »

Alors sir Sidney Smith expliqua comment, avec les éléments dont il venait de parler et qui se présentaient le plus fréquemment sous la main, on pouvait former des radeaux capables de défier à la fois les courants, les flots et les vents sans courir le risque d'être jamais submergés. On engagea beaucoup l'amiral à mettre en pratique ce système de radeaux insubmergibles dont il avait exposé la théorie, à enseigner les différents usages auxquels il pouvait être employé, à en faire un moyen universel de sauvetage pour les campagnes inondées, comme pour les navires naufragés. Tel était aussi le projet de l'amiral. Il voulait donner à son invention tous les développements nécessaires au bien que pouvait en tirer l'humanité. Mais il crut ne pas devoir se presser de publier sa découverte, tant qu'il ne s'agissait que de faciliter à deux armées le moyen de s'entr'égorger.

Ce fut à Dieppe qu'il fit sa première expérience. Elle réussit complètement. Il avait mis tous ses soins à perfectionner, compliquer et modifier ses moyens de sauvetage pour être plus assuré de leur succès; il comprit qu'après avoir perfectionné il y avait quelque chose de mieux encore, c'était de simplifier. Son invention ramenée à des bases plus faciles et non moins certaines, il écrivit au roi de Hollande pour lui proposer de la faire examiner. Les inondations qui couvrent une partie de ses provinces devaient faire agréer cette proposition avec empressement par Guillaume. Le ministre de la marine eut ordre de se rendre à Schewęningue, où l'attendait sir Sidney Smith; on avait ramassé au hasard, et sur le rivage même, les objets nécessaires à la formation du radeau. L'expérience eut lieu pendant un temps orageux; l'amiral Sidney se confia à son embarcation, la conduisit en pleine mer, et revint sans avoir éprouvé le moindre chavirement, sans avoir même les pieds mouillés. Le ministre fut obligé de convenir que rien ne pouvait être plus utile sur les côtes de la Hollande, que l'adoption de ce système de sauvetage; mais comme l'idée ne venait point de lui et qu'elle avait été proposée directement au roi, elle ne fut pas adoptée.

Sir Sidney Smith ne se découragea point; de nouvelles expériences lui firent donner à son invention toute l'extension dont elle était susceptible. Il put l'appliquer non seulement sur le bord de la mer au sauvetage des navires échoués, ou des naufragés, mais encore dans les campagnes sujettes aux irruptions des torrents ou des crues subites des eaux, ainsi que sur le bord des fleuves et des rivières, pour les baigneurs ou les bateliers en danger. Il a communiqué à la Société humaine de Boulogne-sur-Mer tout l'appareil de son radeau insubmergible.

Cet appareil consiste : « en un radeau de sauvetage qui ressemble assez à une voiture de brasseur avec ses roues. Il est soutenu au dessous par des barriques de différentes grandeurs, depuis la pipe jusqu'à l'hectolitre, unies au radeau avec des douves et placées par gradation. Ce radeau avance et manœuvre par le moyen de roues, aux rayons desquelles sont attachées d'autres douves qui font l'effet des palettes des roues dans les bateaux à vapeur. »

RADEAUX DE BATEMAN.

Lord Stanhope m'a envoyé, en 1839, les plans d'un radeau que venait d'imaginer M. *Jonas Bateman*.

Ce *Radeau* se gouverne comme le *Matelas de sauvetage*. Il est percé de un ou plusieurs trous carrés, au milieu desquels se placent les naufragés ou les sauveteurs; ils naviguent ainsi, soit passés dans les trous, soit attachés à des ceintures, ou courroies, placées à l'extérieur.

Ce radeau se tient à fleur d'eau à l'aide de caisses en liége fixées sur une planche de bois.

RADEAU DE CANNING.

M. le capitaine *Canning* a construit un *Radeau* avec trois espares, trois barils vides, quelques cordages et des matelas. Ce

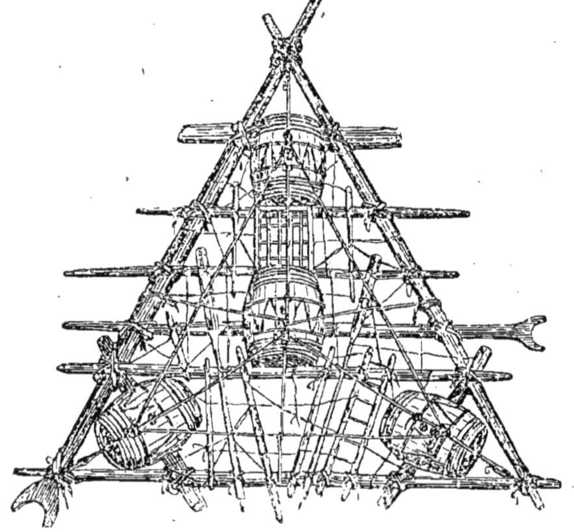

radeau, fort ingénieux, est large à sa base, étroit au milieu; le sommet est terminé par une pyramide renversée; il est très simple, facile à faire et peut sauver quarante personnes. Les amarrages, haubans, contre-haubans forment un filet qui garantit les hommes des coups de mer.

M. *Evans,* maître de port à Holy-Head, a construit un radeau dans le même genre, au moyen de pièces de morceaux de bois qui se trouvent sur le gaillard d'arrière, de bonnettes, gaffes, barils, etc.

M. de *Montbrion*, Membre de la Société, a imaginé un radeau de sauvetage de forme oblongue, insubmergible, avec des roues, comme celles des bateaux à vapeur, à l'exception qu'elles sont mues à force de bras, au moyen d'un mécanisme de rouage. M. de Montbrion fonde de grandes espérances sur ce bateau.

M. *Ballingall*, de Kirhaldy, Membre de la Société, a publié un ouvrage en 1832, orné d'un grand nombre de dessins, sur les moyens de rendre les navires et les barques d'une construction solide et plus appropriée à leur objet.

MM. *Smith*, Sir R. *Seppings*, Sir W. *Raleigh* ont appliqué également leurs talents spéciaux à la solution de ce problème si important.

M. *Egerton Smith* a publié en 1835, à Liverpool, sur la demande de la Société humaine de cette ville, un exposé rapide de divers moyens de sauvetage, tels que *bateaux* ordinaires appropriés sur l'heure au sauvetage; *radeaux, gouvernail de fortune;* manière de porter une ancre à un navire pendant un mauvais temps; secours aux noyés, etc.

Parmi ces *Radeaux de sauvetage,* il en est un bien remarquable :

C'est un radeau construit avec une planche, deux barils et une corde qui unit le tout solidement ensemble.

NAUTILES. — CEINTURES DE NATATION ET DE VOYAGE EN MER.

VESSIES. — Il y a plusieurs *sortes* de *nautiles;* mais les *vessies* et les gourdes remplies d'air existent de temps immémorial : c'est l'enfance de l'art, enfance qui s'est perpétuée jusqu'à nos jours.

NAUTILES DE M. GODDE DE LIANCOURT.

Attachant la plus haute importance à multiplier et perfectionner les modèles de *nautiles* de sauvetage propres à être embarqués à bord des bâtiments de l'État et ceux du commerce, afin de préserver les marins livrés à une mer dangereuse dans certain cas où il faut mettre un canot à l'eau pour sauver un noyé, M. Godde de Liancourt a imaginé un *nautile* à compartiments, sûr et peu coûteux.

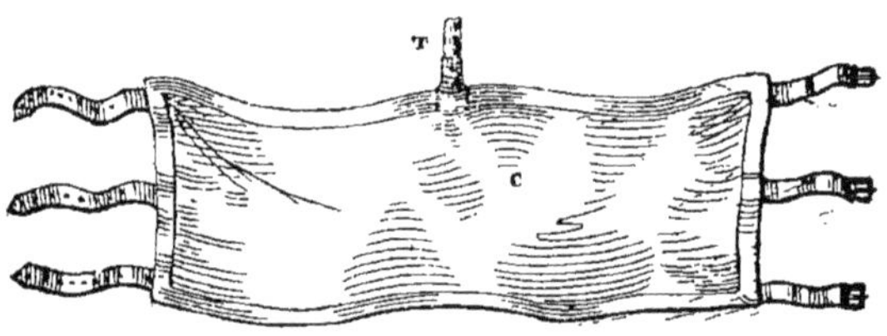

C'est une ceinture, exécutée par M. Colleau, habile fabricant, qui présente 1 mètre de longueur sur 24 cent. de largeur, et qui contient autant d'air qu'il en faut pour soutenir un homme sur le flot. Elle est assez forte de toile pour ne pas craindre les petites et fréquentes avaries qui peuvent surgir d'un instant à l'autre pendant la manœuvre d'un bateau de salut.

On l'insuffle avec la bouche et à l'aide d'un seul mouvement de main. Le robinet en buis surnage par sa nature légère.

M. Godde de Liancourt regarde ce robinet en buis comme de beaucoup préférable aux soupapes des poires à poudre, aux vis, etc., difficiles à manier dans un moment d'embarras, et très coûteuses. Le buis surnage, se gonfle dans l'eau, et comme il plonge dans la mer, il est bientôt saturé au point de ne pas laisser échapper une bulle d'air.

Le NAUTILE *en toile de coutil russe* enduit de gomme élastique et rapproché par les bords, de manière à former une sacoche à un ou plusieurs compartiments distincts ou de communication, que l'on remplit d'air par un petit appareil de buis, est donc préférable à tout autre moyen.

Il est léger, facile à porter dans la poche, solide, durable, et capable de protéger les flancs, le ventre, la colonne vertébrale contre les chocs les plus violents.

Chaque passager à bord d'un bâtiment ne devrait jamais oublier les services que le *Nautile* peut lui rendre en cas de naufrages.

Le *Nautile* tient facilement deux personnes sur l'eau pendant un temps tout-à-fait indéterminé; il dispense de toute peine, de tout embarras, de toute fatigue, et laisse ainsi au naufragé, au sauveteur désemparé, enlevé du canot par une lame, sa raison et son sang-froid pour se guider au milieu du danger.

Le *Nautile en râpure de liége* est un très bon préservatif de la submersion. Si son effet est moins puissant, s'il est moins portatif que le premier, il coûte aussi peu cher. On obtient ce moyen de sauvetage en renfermant du liége réduit en râpures assez fines dans un sac allongé, formé de toile claire, de manière à y laisser pénétrer facilement l'air atmosphérique lorsqu'il s'agit de le sécher.

MATELAS DE SECOURS.

Rapport fait à la Société.

Le *Matelas de secours* est un matelas de forme et d'usage ordinaires, dont il ne diffère que par les matières qui entrent dans sa composition comme moyen de sauvetage, et qui sont du liége coupé très fin en tire-bouchons, des cercles en baleine, comme des bourlets d'enfant, un boyau en toile imperméable et insufflé qui fait le tour du matelas, le tout enveloppé de toiles inaccessibles à l'action de l'eau.

Au milieu du matelas est un trou de 30 cent. de diamètre en

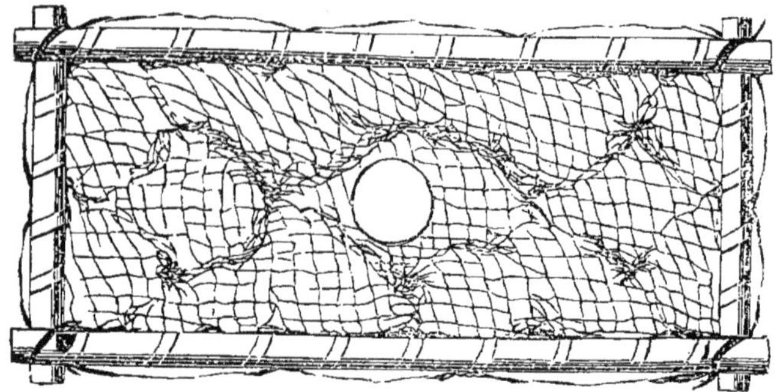

tous sens, de manière à y passer le corps. Ce trou est fermé avec un bouchon de même nature et matière que le restant du matelas, et faisant corps avec lui.

Si un navire vient à se perdre, soit en pleine mer, soit au rivage, chaque passager ou matelot prend son matelas, se passe le corps dans l'ouverture, se jette à l'eau, nage et se dirige à

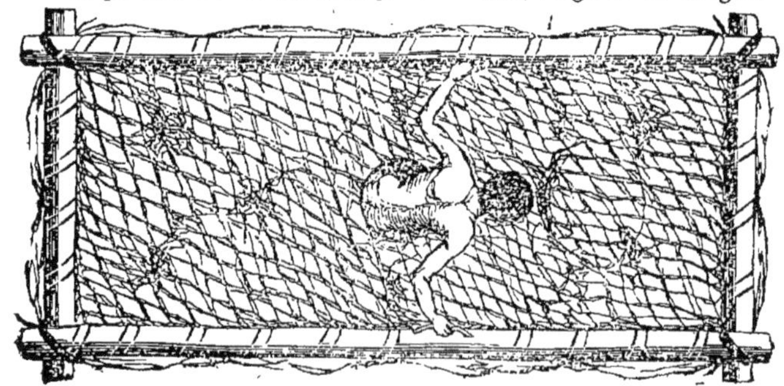

volonté et sans efforts; le flot soulève le matelas et ne le roule pas, car il est maintenu horizontalement au moyen de quatre bambous passés dans les coulisses du pourtour.

Le *Matelas de Sauvetage* est un admirable moyen de salut que l'on doit à M. Godde de Liancourt, et que M. Colleau, fabricant de la Société générale des Naufrages, a exécuté dans la perfection; il coûte 15, 20 et 22 fr, pour la literie ordinaire; le prix augmente en raison de la grandeur, mais il est toujours bien inférieur à celui des matelas en laine, en même temps qu'il lui est préférable sous le rapport de la durée et de l'hygiène.

Le *Matelas de secours* qui serait composé exclusivement de fragments de liége, ne vaudrait rien... il faudrait toujours deux hommes pour le retirer de l'eau; car il s'imbibe facilement.

M. *Knapp*, citoyen des États-Unis d'Amérique, a fait un matelas de ce genre qui est en râpure de liége, mais qui une fois mouillé, ne se sèche que très difficilement.

PHALANGE DES SAUVETEURS.

Le Conseil général de la Société des Naufrages a organisé dans toutes les sections, des phalanges de *Sauveteurs* revêtus d'un uniforme qui sert à les faire reconnaître au moment du danger. — L'instruction que les *Sauveteurs* puisent incessamment, au cours sur l'asphyxie, en fait de véritables providences. A Rouen, par exemple, il est presque impossible de se noyer, tant il serait difficile d'échapper à la surveillance de la phalange Rouennaise; se noyât-on, que les *Sauveteurs* sont encore capables de sauver le *noyé*.

L'émulation entretient toujours le zèle de nos braves sauveteurs, les médailles, les croix d'honneur qui brillent sur leur poitrine, les moralisent de plus en plus. En opérant cette belle organisation, la Société générale a rendu un service réel à la nation française, aussi bien qu'à tous les peuples qui sauront profiter de nos exemples (1).

(1) Le Conseil n'accorde le brevet de *Sauveteur* qu'à celui qui a sauvé la vie à son semblable en danger de périr dans les flots. Quand une personne désire se faire admettre, elle présente ses titres à M. le Secrétaire-général-Directeur, à Paris, ou bien sur les lieux aux agents-généraux des Sections.

DRAGUE A CUILLÈRE.

N° 1.

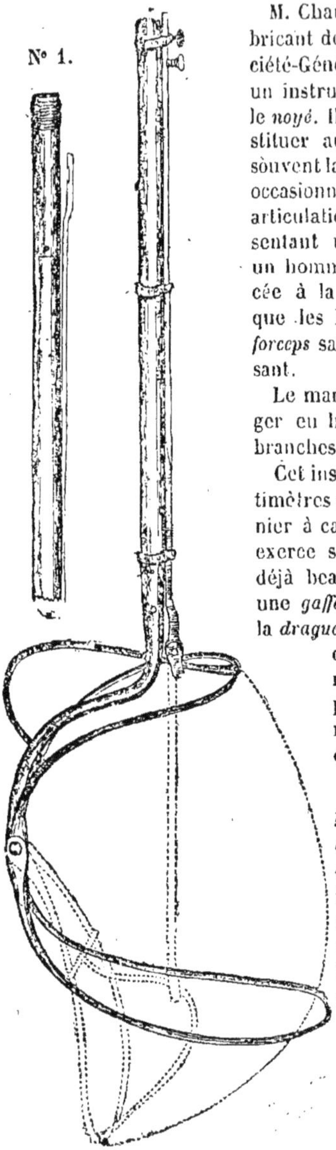

M. Charrière, mécanicien habile, fabricant des *boîtes des secours* de la Société-Générale des Naufrages, a inventé un instrument propre à saisir de loin le *noyé*. Il présente l'avantage de substituer aux *crocs* aigus qui donnent souvent la mort, par les blessures qu'ils occasionnent, *une drague*. Il y a une articulation en forme de cuillère, présentant une courbure pour recevoir un homme. Cette articulation est placée à la base de l'instrument pour que les branches de cette espèce de *forceps* saisissent le corps en se croisant.

Le manche de la *drague* peut s'allonger en hissant l'une sur l'autre les branches (N° 1).

Cet instrument de 5 mètres 26 centimètres de largeur est difficile à manier à cause de la pression que l'eau exerce sur toute sa surface ; on a déjà beaucoup de peine à maintenir une *gaffe* ordinaire. La manœuvre de la *drague* offre plus de résistence encore au courant d'eau, et demande de l'habileté et de la pratique dans les rivières. En mer l'usage en est impraticable.

Si l'on considère l'emploi du *sondeur à pince* pour retirer quelqu'un des glaces, du feu, d'un puits, d'un mine, d'une fosse, ou de tout autre endroit dangereux et difficile à aborder, on concevra de suite, que le *sondeur à pince* est d'une utilité plus incontestable.

Cette planche représente le *sondeur à pince* mis en application, et

pouvant servir à explorer, et à saisir en même temps, le corps dès qu'on l'a rencontré. Le mécanisme est le même que le précédent. — Un système de filet du docteur Leroy d'Etiolles a été proposé comme étant propre à saisir un corps nageant entre deux eaux, ou roulant au fond ; sa longueur varie de 6 à 13 mètres, sa largeur est de 4 à 7 mètres. L'un de ses grands cotés est fixé sur des perches

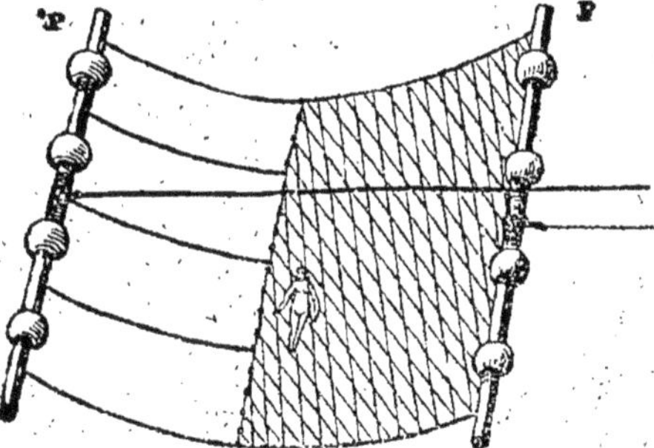

garnies de liège afin de le tenir étendu ; à l'autre bout sont des plombs destinés à le faire plonger. Au moyen du jeu d'une corde fixée sur les perches P P, on ramène le filet à la surface de l'eau avec tout ce qui nage devant lui.

Chiens de Terre-Neuve.

La Société royale humaine de Londres entretient plusieurs chiens de Terre-Neuve, il en est un surtout qui a déjà plongé bien des fois, (toujours heureusement) du haut d'un pont sur la Tamise pour sauver des *noyés* : ces excellents animaux sont doués, au plus haut degré, de l'instinct qui fait braver la fureur des flots, et retirer de l'eau, et des neiges, les personnes et les objets qu'elles engloutissent. Il n'y a pas de famille un peu nombreuse possédant un chien de Terre-Neuve, qui ne lui soit redevable de la vie de quelque enfant.

Lorsque les sections de la Société générale seront formées au complet, elle engage les agents généraux à entretenir un *terre neuvien* dans chaque établissement, dont ces animaux doivent toujours faire partie intégrante.

Ancre d'amarrage pour les bateaux.

Voici une manière fort bonne de placer une ancre afin d'aider les bateaux à franchir le ressac et les brisants pour gagner le large.... Elle est dûe à M le capitaine Monley.

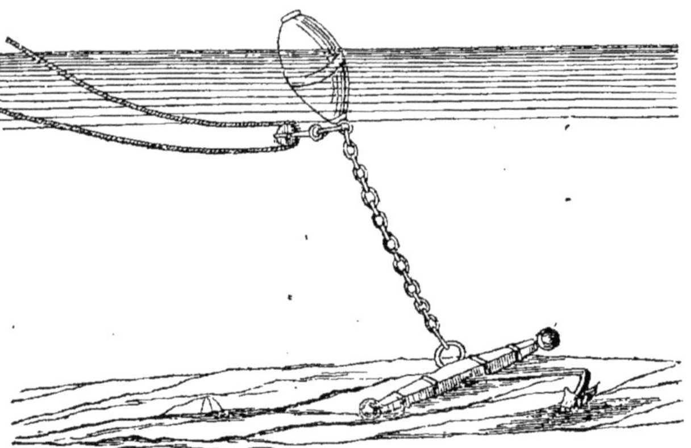

On jette une *ancre* de 100 à 150 kilos, attachée à une chaîne de 15 mill. de diamètre qui, elle-même, est d'une longueur suffisante et correspondant à une forte *bouée*. Au bas de la bouée qui tend la chaîne, se trouve une poulie large, fixée par une boucle à l'anneau supérieur de la chaîne.

On passe dans la poulie un cable suffisamment solide, dont les deux extrémités sont bien assujetties au rivage, à des dauphins, etc.

Quand on veut faire sortir le bateau contre le vent, ou les lames, on frappe un des bouts de la corde de l'ancre à l'avant de l'embarcation, et on a de suite *un va et vient*, entre cet ancre et la terre, ce va et vient est manœuvré par les gens de terre, aussitôt que le patron a franchi les brisants ou qu'il cesse d'avoir besoin d'aide, ils jettent le cable, et n'ont plus rien qui les retienne.

Il est inutile de dire que cet excellent moyen demande à être établi, principalement sur une côte plate.

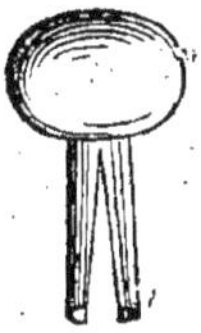

M. le docteur Leroy a eu l'idée de modifier les *gaffes* ou *crocs* qui font partie de l'armement de toute espèce d'embarcation, en rendant leur pointe mousse au moyen d'une boule métallique que l'on fixe et adapte à la pointe des gaffes par la seule élasticité de la douille, par une rainure de bayonnette, par une clavette, etc.

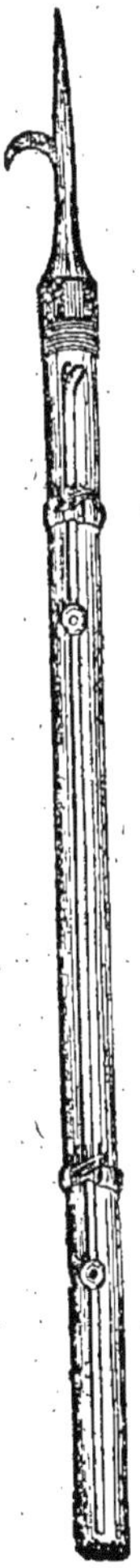

On peut encore adapter au crochet de la gaffe une espèce de *cuillère* ou *pelle* longue de 48 centimètres, sur 30 de large, propre à ramener un corps à la surface de l'eau. Cette *gaffe* remplace très bien l'explorateur de *Braasch* de Hambourg; et l'instrument, analogue inventé par l'anglais *Miller*.

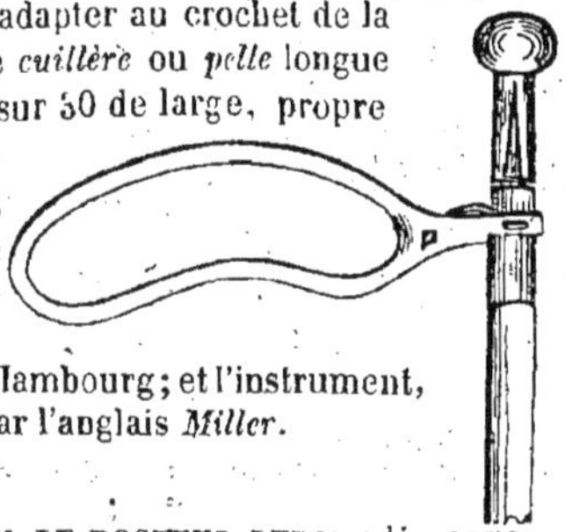

FILET-CAGE DE M. LE DOCTEUR LEROY D'ÉTIOLES.

Le *filet-cage* est exposé dans le musée de la Société: trois des branches sont fixés; la quatrième en exécutant une demi rotation, ouvre et ferme la *cage* de manière à y emprisonner le corps tout entier. Ce mouvement est imprimé à cette branche au moyen d'une tige de fer placée le long du manche. Le poids de cette cage formée de fil de fer ne dépasse pas 2 kilos.

Il y a une foule immense d'inventeurs de moyens de sauvetage, mais de toutes ces inventions la pratique n'en conserve qu'un nombre imperceptible.

Je n'entretiendrai pas mes lecteurs des *bateaux-tonnes*, des *radeaux* sans nombre, des *tonnes de sauvetage*, des *bateaux-radeaux*, des *radeaux pivotants*, *triangulaires*, en forme de *parallélogrammes*, imaginés quelquefois par de grands esprits, quelquefois aussi par des fous ou des malades.

INSTRUCTION SUR LES BOUÉES DE SAUVETAGE DE JOUR ET DE NUIT,

Par M. le capitaine de corvette BILLETTE. M. de la S.

Les *bouées* sont délivrées aux bâtiments garnies de leurs flotteurs, porte-fusée et fusée. Après les avoir placées sur leur cartahu, on fixera solidement à bord l'anneau du couvercle du porte-fusée, en ayant soin de laisser quatre à cinq pouces de mou dans l'amarrage. Pour se servir de la *bouée* ainsi disposée, il suffira de couper ou de larguer le cartahu en bande, et son propre poids fera sortir de son tube la fusée qui tombera allumée à la mer.

Pour remplacer une *fusée* brûlée, voici comment l'on doit procéder. Après avoir retiré du montant de la fusée, le porte-fusée, et dévissé son couvercle inférieur, on fera ressortir de leur encastrement les deux têtes des ressorts fixés au haut du tube, lesquels retiennent le culot de la fusée brûlée; on dévissera ensuite l'écrou qui est sous le culot et l'on remplacera par la nouvelle *fusée* qui porte son boulon, celle qui a été consommée, ayant l'attention de bien la consolider en vissant avec force l'écrou. La *fusée* mise dans le tube, on passera dans le piton que porte le couvercle évidé, la ganse et le crochet qui sont à la partie supérieure de la *fusée*, au-dessus du porte-amorce, et on les y assujettira de manière à ce qu'ils ne puissent plus en sortir. Le porte-fusée revissé dans son montant, la *bouée* sera remise en place.

Le porte-amorce composé de la réunion de trois petits cylindres en cuivre, contient deux étoupilles fulminantes dans lesquelles passent les deux bouts de ligne qu'on aperçoit. C'est l'arrachement de ces lignes qui détermine l'inflammation de la poudre fulminante et par suite celle de la fusée.

Afin de faciliter l'homme qui est à la mer à se maintenir contre la *bouée*, elle est garnie sur le dessus de deux brassières placées à des points opposés et vis-à-vis desquels sont deux flotteurs : le naufragé passe le bras dans une de ces brassières après avoir mis le flotteur entre ses cuisses.

La durée de la fusée nouvellement battue est de 25 à 30 minutes, trois mois après elle atteint 40 minutes à peu près. Dans les parages humides, on fera bien de couvrir le couvercle du porte-fusée par un capuchon de forme cylindrique en toile goudronnée, qu'on étranglera fortement contre l'anneau ou son amarrage.

La *bouée* garnie de sa fusée est délivrée aux bâtiments avec neuf autres fusées de rechange, toutes renfermées dans des tubes en fer-blanc; ces artifices contenant de la poudre fulminante, seront placés à bord sous la surveillance du maître canonnier, loin des poudres et le plus à l'abri possible de l'humidité.

La *bouée* de *jour* est la même que celle de *nuit*, à l'exception qu'elle déploie un pavillon en tombant à la mer, au lieu d'une fusée qui s'allume. Ainsi, la *bouée* peut être de *jour* et de *nuit* par la seule substitution de la *fusée* au *pavillon* ou du *pavillon* à la *fusée*, le mécanisme étant le même.

Un plomb de 14 kilogrammes, fixé à la partie inférieure du montant, donne une stabilité convenable à la *bouée*.

Ces *bouées*, dont l'emploi se fait dans la flotte française, ont déjà sauvé la vie à plusieurs hommes.

Appareils des bouées de sauvetage de jour et de nuit.

(Système Billette.)

Fig. 1re.

P. Crochet en cuivre en forme d'S, dont le grand anneau, bien moins résistant que le petit, doit s'ouvrir à l'instant de la fonction de l'appareil et faire porter le poids de la *bouée* sur les *frotteurs;* leur arrachement détermine la fonction des amorces, et par suite, l'inflammation de la fusée.

R. Ressort en acier.

B. Bouée en liége.

T. Tuyau de la fusée.

F. Matière fusante renfermée dans son cylindre.

La portion qui est à côté, au-dessus du plan, représente :

1o. L'anneau servant à fixer le couvercle à bord;

2o. Le couvercle double de l'appareil.

Fig. 2. Couvercle double de l'appareil ci-dessus.

Fig. 2. C. Crochet sur lequel se place celui du porte-amorce et se capèle aussi la ganse des frotteurs.

Fig. 3. Appareil de nuit.

Fig. 3. A. F. Fusée.

RR. RR. Montants de la bouée.

Étui du pavillon flottant dont la barre est renfermée dans son culot.

Le pavillon glisse le long du bâton afin de pouvoir se développer dès qu'il quitte son étui.

B. Corps de la bouée en liége.

L. Flotteurs en liége.

C. Clé en bois servant à retenir le plomb.

P. Plomb de 14 kilog. fixé à la partie inférieure du montant.

---

(1) Adopté par le Conseil Supérieur de la Société, séance du 2 avril 1841, sur le rapport présenté par M. le capitaine de navire Laignel.

On a fait, à Portsmouth, en 1816 ou 17, l'essai d'une bouée, de l'invention de M. Thomas Cook. Elle contenait des matières inflammables qui s'allumaient à l'instant où la bouée était lancée à l'eau. (Note du R.)

BOUÉES POUR LE BALISAGE. — AMÉLIORATIONS.

Pourquoi les *bouées* à l'entrée des ports, rades et rivières, ne sont-elles pas placées d'une manière uniforme chez toutes les nations, se sont demandé mille fois les capitaines? Pourquoi voit-on les unes mettre les *bouées blanches* à bâbord en entrant, et les autres y placer les *bouées noires?* Il y a sans doute une raison pour laisser subsister un inconvénient aussi grave pour les marins. Pourtant quand on y pense sérieusement, on ne voit point d'autres motifs que ceux-ci : ou on a voulu placer les *bouées* les plus apparentes là où les dangers sont plus imminents, *ou on a voulu favoriser les pilotes de la localité.* Le premier de ces motifs a peu de poids, car si d'un temps clair la *bouée blanche,* sur laquelle donne le soleil, s'aperçoit de plus loin, il est certain que la *noire* est la plus apparente quand le temps est gris sombre; le second vaut encore moins, *attendu que l'intérêt général de la navigation doit l'emporter sur celui des pilotes des diverses localités.*

Il reste donc à prouver qu'il y aurait de l'avantage pour les navigateurs, et pour le commerce maritime en général, à ce que les *bouées fussent uniformément placées partout.*

Si les marins qui entrent dans les rades ou les rivières, sans instructions sur les passes qu'ils abordent, savaient que le gisement et la couleur des *bouées* sont uniformes pour indiquer invariablement le chenal, et qu'elles sont assez rapprochées pour pouvoir être aperçues de l'une à l'autre, ils seraient toujours en mesure, dans les mauvais temps, de se tirer seuls d'affaire, à défaut de pilote, et de mettre eux-mêmes leurs navires en sûreté.

Aujourd'hui, un capitaine étant affalé sur une côte, aperçoit-il la *bouée* extérieure d'une passe? Sachant que les *bouées* ne sont jamais placées de la même manière dans deux ou trois localités, même voisines, et qu'elles le sont souvent d'une façon toute opposée; que les distances entre elles sont le *secret* des pilotes..... que fera-t-il? Il évitera, parce que cette *bouée* lui signalera un danger ; et en évitant, soit de droite, soit de gauche, pendant la brume qui obscurcit le jour, le malheureux se perdra corps et biens sur des écueils, parce que la *bouée* lui indique un danger, mais ne lui montre pas son chemin.

On pourrait citer beaucoup d'autres cas où il serait avantageux, non-seulement pour les équipages, mais aussi pour les armateurs et pour les assureurs, que les capitaines pussent ainsi, à défaut de pilotes, dans les mauvais temps, se tirer d'affaire eux-mêmes et mettre leurs navires en sûreté.

Il suffirait que les *bouées extérieures,* seulement, fussent assez rapprochées pour qu'on pût les apercevoir de l'une à l'autre pendant le mauvais temps. Généralement les deux ou trois premières *bouées* conduisent en dedans des bancs et à l'abri de la grosse mer, c'est autant qu'il en faut pour sauver un navire en détresse.

Il est permis d'espérer qu'en attirant l'attention des Conseils d'amirauté sur le moyen qui vient d'être indiqué, ils en sentiront toute l'importance et s'entendront entre eux pour faire droit à l'intérêt général, en dépit des intérêts particuliers.

AMÉLIORATIONS IMPORTANTES A INTRODUIRE DANS LA PRATIQUE DES *signaux*. — DE LA NÉCESSITÉ D'ÉTABLIR UN SYSTÈME DE *signaux* UNIFORME, POUR TOUTES LES NATIONS (1).

Les *signaux* qui se font à l'entrée de nos ports en France, sont de la plus grande importance pour les marins ; eux seuls peuvent amener sûrement les navires en dedans des passes, lors des mauvais temps ; eh bien ! chose étrange ! Ces *signaux* sont encore ignorés, aujourd'hui, non seulement des nombreux étrangers qui abordent dans nos ports, mais aussi, de la plupart des capitaines français eux-mêmes ! Il en est qui sont contradictoires entre eux, occasionnant ainsi des erreurs graves, qui entraînent la perte des bâtiments.

Comment concevoir une aussi choquante et coupable imprévoyance, dans des affaires semblables ? A quoi sert une direction générale des ponts et chaussées, qui ne sait pas faire justice d'une telle anomalie ? Si tout le monde veut imposer un système de *signaux* et *des télégraphes* à sa mode il sera impossible de s'entendre. Quand nous allons prêcher les améliorations chez nos voisins, ne sont-ils pas en droit de nous dire : pourquoi dans vos ports du *nord*, employez vous *le pavillon rouge*, pour indiquer le degré de la marée, tandis que dans le *midi*, ce même pavillon est une défense formelle d'attaquer l'entrée ? Pourquoi n'employez-vous par votre *pavillon national*, soit pour indiquer l'état de la marée, soit pour signaler le chenal ; et *le pavillon rouge*, exclusivement pour défendre l'entrée ? si chacun suivait ce dernier mode, il y aurait de suite un vaste système uniforme de *signaux* chez toutes les nations. Pourquoi ne faites-vous pas connaître les instructions sur les *signaux* qui se font à l'entrée de vos ports, afin de nous y faire pénétrer en l'absence des pilotes pendant la tempête ?

Il résulte donc de ce qui précède : l'urgence de faire admettre chez toutes les nations maritimes le *drapeau national, comme indicateur du degré d'élévation de la marée* ; *et le pavillon rouge, comme défense formelle d'attaquer l'entrée des ports.*

---

(1) Le Conseil Supérieur de la Société a donné son adhésion à l'avis émis par M. Godde de Liancourt de proposer aux gouvernements l'adoption de ce mode uniforme de *signaux*. En conséquence, il a été fait une Circulaire dans ce but.

—Les *signaux* particuliers, se font de beaucoup de manières différentes. Je puis citer pour exemple, ce qui se pratique au château de Northumberland pour avertir les naufragés. On se sert de la manière suivante d'un canon placé au pied de la tour : on tire un coup quand le navire est naufragé, ou en détresse; deux coups quand il est observé naufragé, ou en détresse, au *nord*, où derrière le chateau; trois coups quand il est au *sud*.

On hisse un grand pavillon sur le château ou les clochers; on lance des fusées pendant toute la nuit de la tourelle du *nord*; on sonne une cloche placée sur la tourelle du *sud*; on tire des coups d'espingole de la tourelle de l'*est*, toutes les quinze minutes, comme signal pour avertir de l'approche des îles; on place une *grande girouette* sur un mât de pavillon pour les pilotes.

Enfin, il y a un observatoire, où chaque matin on va observer les alentours.

Le château renferme toutes les conditions d'une vaste maison de secours pour les naufragés, leurs cargaisons et leurs vaisseaux.

— Plusieurs marins d'un grand mérite ont proposé des systèmes de signaux télégraphiques.

Je citerai surtout, ce bel et admirable travail, *Code complet des signaux de jour et de nuit*; *pour l'usage de tous les peuples maritimes*, de Levin Joergen *Rhode*, capitaine de la marine royale Danoise. (1835).

Cet ouvrage est publié en danois, français, allemand et anglais. Le capitaine sir John Ross en a fait hommage à la Société générale dont il est vice-président d'honneur.

Le défaut de presque tous les systèmes des ouvrages, c'est la complication qui en rend l'étude difficile, et partant impossible à généraliser, et l'achat trop coûteux.

Si M. *Rhode* pouvait retrancher la moitié de son livre, il serait tout aussi bon, plus substantiel, moins cher, et on le posséderait déjà presque partout. Il faudrait qu'il ne fût pas une encyclopédie, mais seulement applicable au sauvetage; et tel qu'il est, *le Code des signaux*, n'arrivera point à la connaissance des marins auxquels il semble plus spécialement destiné. Nous nous proposons d'engager l'illustre capitaine à modifier son beau travail. de manière à le populariser, et nous permettre d'y contribuer efficacement.

PHARES. — Les *Phares et Fanaux* sont destinés à éclairer les côtes pendant la nuit, et à servir de reconnaissance pendant le jour.

La direction générale des ponts-et-chaussées renouvelle chaque année la publication du tableau descriptif des *Phares et Fanaux* de

France, afin de tenir les navigateurs au courant des additions et modifications que reçoit progressivement le système d'éclairage.

Mais ce tableau n'est qu'une nomenclature très insuffisante : les *positions géographiques* qui sont déterminées ne coïncident pas avec le *pilote français* (cartes de M. Beautemps-Beaupré). On y trouve une différence en plus de 51".

— La *Société générale des naufrages* a jugé d'ailleurs que les *Phares* devaient fournir les indications les plus précises et les plus complètes possibles aux marins pour éviter les dangers, et se piloter d'eux-mêmes dans les chenaux au besoin; en conséquence, elle a ordonné, sur la proposition de M. G. de Liancourt, la publication du *Tableau universel de tous les Phares et Fanaux du globe*, avec les indications sur la manière de gouverner de nuit, pour mouiller dans les ports, prendre direction, prolonger les bordées, louvoyer, aligner les feux l'un par l'autre, enfin c'est *l'école du pilote* de chaque port.

— Avec un tel ouvrage, les navigateurs auront toujours sous la main la clé de l'entrée éclairée des ports de commerce de tout le globe.

C'est un service rendu à l'humanité et que les gouvernements ne sauront jamais trop apprécier.

Instruction pour le service des signaux de jour et de nuit pour annoncer les naufrages, établis par la Société Humaine correspondante de Calais.

Est du Port. — *Poste des Grandes-Hemmes.* — Un feu blanc hissé au mât indique qu'il y a un navire à la côte vis-à-vis de ce poste. Ce signal sera répété par les postes des Petites-Hemmes, de Waldam et du Petit-Courgain.

Poste des Petites-Hemmes. — Un feu rouge hissé au mât indique qu'il y a un navire à la côte vis-à-vis de ce poste. Ce signal sera répété par les postes de Waldam et du Petit-Courgain.

Poste de Waldam. — Un feu blanc hissé, ayant un feu rouge au-dessous de lui, indique qu'il y a un navire à la côte vis-à-vis de ce poste. Ce signal sera répété par le Petit-Courgain.

Poste du Petit-Courgain. — Un feu rouge hissé, ayant un feu blanc au-dessous de lui, indique qu'il y a un navire à la côte vis-à-vis de ce poste. Ce signal est vu du quai de la Colonne.

Ouest du Port. — *Poste de Sangatte.* — Un feu blanc hissé au mât indique qu'il y a un navire à la côte vis-à-vis de ce poste. Ce signal sera répété par le poste du Fort-Lapin.

Poste du Fort-Lapin. — Un feu rouge hissé au mât indique qu'il y a un navire à la côte vis-à-vis de ce poste.

Les signaux de jour sont faits à l'aide d'un pavillon rouge remis à chacun des postes précités. Ce pavillon devra être hissé au mât par le poste vis-à-vis duquel aura lieu un sinistre ; le signal sera répété par les postes se rapprochant successivement du port.

MAT-PILOTE MIS EN USAGE SUR LES COTES DE FRANCE.

INSTRUCTION POUR LES NAVIGATEURS.

> M. le Maréchal, j'avais déjà appris avec beaucoup d'intérêt la fondation de la bienfaisante association, dont la présidence vous est si dignement confiée ; mais cet intérêt vient de s'accroître encore de tout celui que recommandent les services qu'elle a rendu récemment en Afrique.
>
> CHARLES-ALBERT.

DEVIS DU MAT-PILOTE.

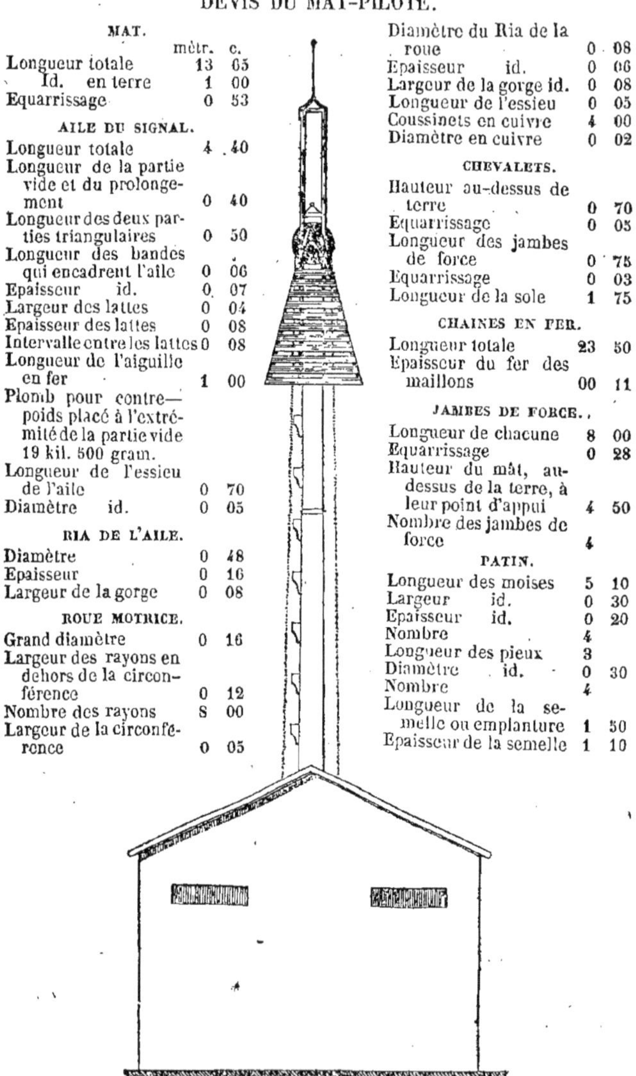

MAT.	mètr.	c.
Longueur totale	13	65
Id. en terre	1	00
Equarrissage	0	53
AILE DU SIGNAL.		
Longueur totale	4	40
Longueur de la partie vide et du prolongement	0	40
Longueur des deux parties triangulaires	0	50
Longueur des bandes qui encadrent l'aile	0	06
Epaisseur id.	0	07
Largeur des lattes	0	04
Epaisseur des lattes	0	08
Intervalle entre les lattes	0	08
Longueur de l'aiguille en fer	1	00
Plomb pour contre-poids placé à l'extrémité de la partie vide 19 kil. 500 gram.		
Longueur de l'essieu de l'aile	0	70
Diamètre id.	0	05
RIA DE L'AILE.		
Diamètre	0	48
Epaisseur	0	16
Largeur de la gorge	0	08
ROUE MOTRICE.		
Grand diamètre	0	16
Largeur des rayons en dehors de la circonférence	0	12
Nombre des rayons	8	00
Largeur de la circonférence	0	05
Diamètre du Ria de la roue	0	08
Epaisseur id.	0	06
Largeur de la gorge id.	0	08
Longueur de l'essieu	0	05
Coussinets en cuivre	4	00
Diamètre en cuivre	0	02
CHEVALETS.		
Hauteur au-dessus de terre	0	70
Equarrissage	0	05
Longueur des jambes de force	0	75
Equarrissage	0	03
Longueur de la sole	1	75
CHAINES EN FER.		
Longueur totale	23	50
Epaisseur du fer des maillons	00	11
JAMBES DE FORCE.		
Longueur de chacune	8	00
Equarrissage	0	28
Hauteur du mât, au-dessus de la terre, à leur point d'appui	4	50
Nombre des jambes de force	4	
PATIN.		
Longueur des moises	5	10
Largeur id.	0	30
Epaisseur id.	0	20
Nombre	4	
Longueur des pieux	3	
Diamètre id.	0	30
Nombre	4	
Longueur de la semelle ou emplanture	1	50
Epaisseur de la semelle	1	10

NOTA. Cette Instruction a été approuvée par une Commission instituée par M. l'amiral Duperré, ministre de la marine et président d'honneur de la Société.

M. le capitaine **Fenoux**, inventeur, a reçu l'ordre de construire une série de **MATS-PILOTES** le long de la côte maritime de France.

Largeur de la semelle.	0 45
Longueur de la sole.	1 50
Largeur id.	0 30
Longueur des 2 contre-fiches du patin.	1 40
Largeur id.	0 35
Epaisseur id.	0 06
Boulons en fer (nombre).	6

BALLON.

Diamètre.	0 30

PAVILLON ROUGE.

Guindant.	1 00
Battant.	1 50

Adopté par le Conseil Général de la Société, séance du 31 janvier 1841, sur le rapport présenté par M. le capitaine de vaisseau Laignel.

Le *mât-pilote-Fénoux*, établi sur les côtes de France, est destiné à faciliter l'entrée des bâtiments dans les ports, lorsque le mauvais temps empêche les pilotes lamaneurs de se rendre à bord.

L'aile indicatrice qui apparaît sous la forme d'un triangle isocèle, est mobile sur son axe, et on la dirige du côté où on veut faire gouverner le navire. Les capitaines porteront la plus grande attention à suivre exactement et promptement ses mouvements.

Un navire venant du large, de quelque nation qu'il soit, qui voudra avoir recours à ce signal pour entrer dans un port, mettra sa couleur en tête de l'un de ses mâts. Le pilote orientera l'aile dans une position verticale, le petit côté du triangle en haut (fig. 1, *le pilote observe le navire en vue*); ce sera le signal d'aperçu.

Fig. 1.

Le pilote observe le navire en vue.

Ensuite il l'orientera horizontalement (fig. 2, *faire route pour l'entrée des passes*), vers le point où le navire doit gouverner pour se rendre à l'entrée des passes.

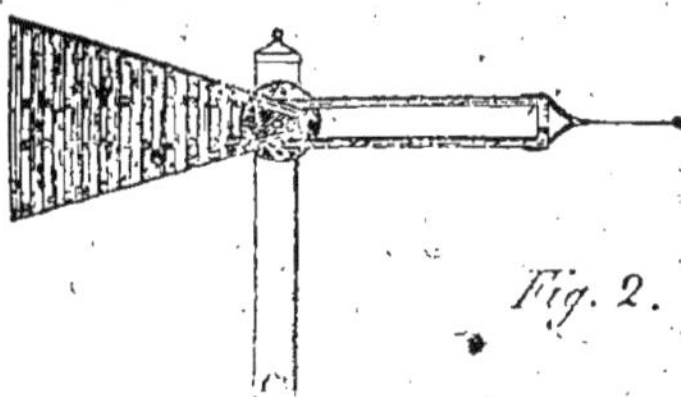

Fig. 2.

Faire route pour l'entrée des passes.

Puis il l'inclinera sous un angle de 45 degrés, soit à droite (fig. 3, *venir sur tribord*);

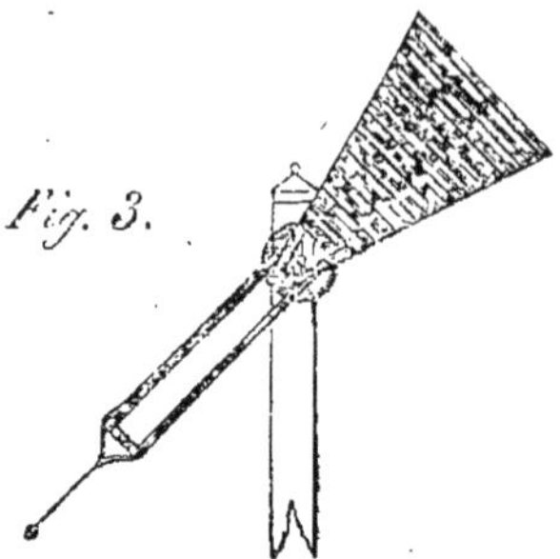

Venir à tribord.

Soit à gauche (fig. 4, *venir sur bâbord*), selon la direction qu'il voudra faire prendre au navire, lequel devra toujours gouverner du côté où elle sera inclinée, dût-il virer de bord, jusqu'à ce que le pilote, jugeant devoir arrêter l'évolution d'arrivée ou d'auloffée, redressera l'aile verticalement (fig. 1); alors le bâtiment gouvernera à l'aire de vent où il avait le cap quand elle a été mise dans cette dernière position, et il ne changera de route que lorsqu'un nouveau mouvement du triangle lui aura signalé de le faire.

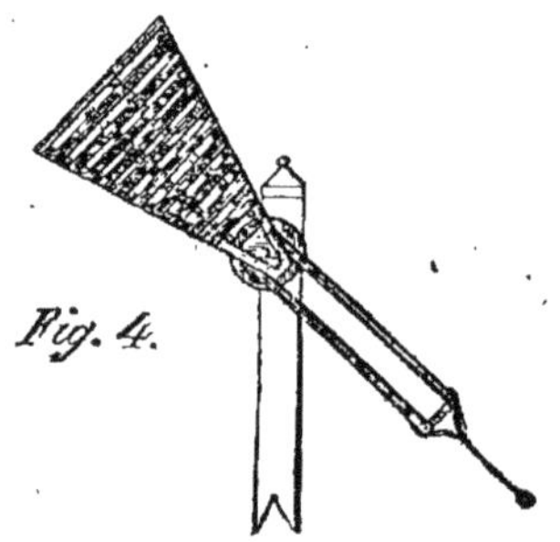

Venir sur bâbord.

Quand le navire sera en dedans des passes et qu'il n'aura plus besoin de l'aide du mat-pilote, on mettra l'aile au repos, le petit côté du triangle en bas (fig. 5, *le bâtiment est en dedans des dangers*), et autant qu'il sera possible, une embarcation se trouvera à l'entrée du port pour le conduire au mouillage.

Si plusieurs bâtiments se présentent en même temps pour entrer dans un port, le pilote dirigera d'abord celui qui sera en position d'entrer le premier, et ensuite viendra le tour des autres toujours dans le même ordre.

Mais si les circonstances ne permettaient pas aux navires d'attendre qu'on les fît entrer séparément, les capitaines gouverneraient dans les eaux de celui qui est dirigé par le mât-pilote, et ils auraient l'attention de se tenir à une distance convenable les uns des autres, pour pouvoir bien suivre les mouvements du bâtiment piloté.

Le bâtiment est en dedans des dangers où l'on se trouve.

Le pilote jugeant que le bâtiment en vue ne peut encore entrer à cause de l'état de la marée, mettra l'aile dans une position horizontale et hissera un ballon au bout de la flèche opposée à cet aile (fig. 6, *il n'y a pas encore assez d'eau*). A ce signal, le bâtiment manœuvrera pour attendre qu'on lui indique de faire route pour entrer, en inclinant l'aile soit à droite, soit à gauche (fig. 3 et 4), comme il est dit plus haut.

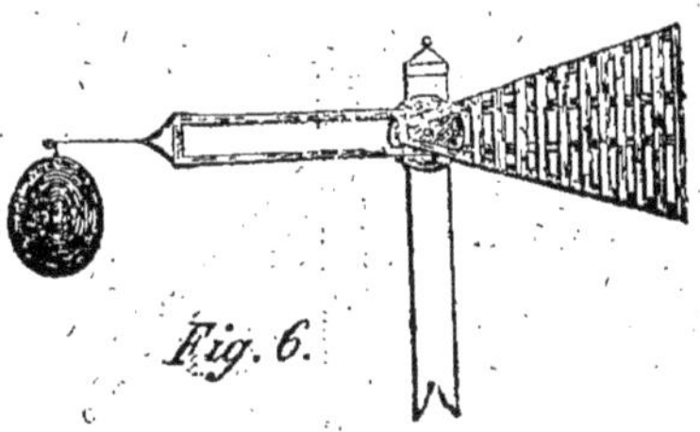

Il n'y a pas encore assez d'eau.

Lorsqu'on voit qu'un navire qui demande à entrer ne pourrait accoster la terre sans péril, soit à cause du tirant d'eau qu'on lui suppose, soit parce que la mer est trop grosse à l'approche du port, ou par tout autre motif, on l'en avertira en hissant un ballon au bout de la flèche, qui sera mise alors dans une position verticale (fig. 7, *le bâtiment ne peut entrer : il lui faut prendre le large*). Et le bâtiment manœuvrera pour prendre le large ; mais si, par suite d'avaries majeures, ou se trouvant trop affalé sur la côte, il ne peut s'élever au vent et qu'il soit décidé à prendre terre à tout prix, au risque même de faire naufrage, il mettra son pavillon en *berne*, c'est-à-dire lié par le milieu; alors le pilote le dirigera pour tâcher, soit de franchir la barre, s'il y en a une, soit de le faire mouiller en rade afin d'étaler un coup de vent, soit enfin, s'il y a force majeure, de le conduire à la côte vers l'échouage le moins désastreux.

Fig. 7.

Le bâtiment ne peut entrer ; il lui faut prendre le large.

Pour lui faire prendre mouillage en rade, le pilote le dirigera vers l'endroit le plus convenable, et, quand il y sera rendu, l'aile mise au repos (fig. 5) indiquera au bâtiment qu'il doit laisser tomber une ou plusieurs ancres là où il se trouve.

Si l'échouage à la côte est inévitable, le pilote préviendra le navire qu'il va l'y conduire, en arborant un pavillon rouge au mât-pilote (fig. 8, *le bâtiment est prévenu qu'on le conduit à la côte*). Il maintiendra ce signal pendant que l'aile indicatrice fonctionnera pour diriger le bâtiment vers la terre, et le capitaine prendra toutes les mesures usitées dans cette terrible circonstance pour le salut du navire et particulièrement de l'équipage.

Si pendant que le bâtiment fait route pour la côte, une heureuse circonstance vient inopinément donner au pilote l'espoir de le sauver, le pavillon rouge sera amené et le navire conduit suivant le cas.

Un bâtiment qui ne pourra plus tenir sur ses ancres dans une rade dangereuse, et qui se verra dans la nécessité de faire naufrage, au cas où il ne pourrait entrer dans le port ou prendre le large, mettra son pavillon en *berne*, et le pilote, après avoir mis l'aile indicatrice dans une position verticale, (fig. 1), dirigera ce bâtiment suivant les circonstances : il arborera le pavillon rouge au mât-pilote, si c'est à la côte qu'il va conduire le navire.

Fig. 8.

Le bâtiment est prévenu qu'on le conduit à la côte.

Le pilote jugeant devoir changer le mouillage d'un bâtiment sur rade lui fera le signal, attention (l'aile dirigée dans la position verticale), et maintiendra ce signal jusqu'à ce que le bâtiment ait répondu par un signal d'aperçu en mettant sa couleur en tête du mât. Si plusieurs navires étaient à la fois au mouillage, l'aile serait maintenue verticalement jusqu'à ce que celui auquel s'adresse le pilote eût hissé sa couleur. Les capitaines auront l'attention de ne pas faire leurs signaux en même temps pour éviter les méprises.

NOTA. La Société présente aux gouvernements le *mât-pilote*, le système des *bouées, balisage* et *signaux* comme le résumé de grandes recherches; la généralisation en peut seule assurer des avantages pour l'humanité.

Des modèles de *mât-pilote* ont été adressés à tous les gouvernement.

La nécessité d'avoir *un système uniforme* de *balisage* et de *signaux* n'est pas susceptible de controverse.

Nous devons faire observer que la moindre modification partielle, réalisât-elle un progrès incontestable, finirait par nuire essentiellement à cette œuvre, si ce projet n'était généralisé aussitôt.

Tous les ingénieurs, marins, pilotes sont donc invités à faire connaître leurs projets de modification à la Société Internationale, qui les examinera, les combinera, les récompensera et en propagera l'application générale.

M. Fenoux a trouvé que la configuration de certaines côtes rendait nécessaire de faire *tourner* à volonté le *mât-pilote*, de manière à présenter toujours l'aile indicatrice dans une position perpendiculaire au navire secouru, et lui faire connaître exactement la position de cette *aile*. A cet effet, on allonge le mât que l'on fait descendre dans un trou cylindrique en maçonnerie. A la base de l'arbre, on place un fort morceau de fer arrondi qui tourne en s'emboîtant dans une plaque de même métal destinée à le recevoir.

SERVICE DE SANTÉ DE L'ASPHYXIE.

Secourir les malheureux qui naufragent, c'est le devoir tracé par la nature à tous ceux qui ont du cœur... Dans cette circonstance, c'est le dévouement qui fait tout...

Mais s'agit-il d'administrer des soins entendus et éclairés à un asphyxié? Alors, ce ne peut plus être qu'à la condition de suivre les indications de l'art et de la science, et le dévouement, s'il n'est pas éclairé, devient meurtrier...

La Société Générale des Naufrages n'aurait accompli que la moitié de son œuvre si, après avoir cherché les moyens de porter secours aux navires en péril et aux naufragés, elle ne se fût imposé le devoir de placer partout les asphyxiés par submersion dans les conditions les plus favorables pour être rappelés à la vie.

Nous croyons donc avoir rendu service à l'humanité en instituant des cours publics destinés à populariser parmi les marins, et partant, parmi les douaniers, les pompiers, les préposés aux services de salubrité et de sûreté publiques, les meilleures méthodes pour arracher à la mort les personnes que leur position sociale expose journellement à lui payer un fatal tribut.

Ce n'est qu'à dater de l'année 1840, sous la présidence du Maréchal Grouchy, que l'on a réalisé sur une grande échelle, en France et dans d'autres pays, *les cours sur l'asphyxie*; ils ont complètement réalisé toutes les espérances qu'ils avaient fait concevoir.

Pour ne citer que la France, nous dirons que, sur les principaux points maritimes, les chefs du *service de santé* de la Société Générale, ont déjà donné une bonne et utile instruction spéciale à plusieurs milliers d'élèves les plus avancés des colléges, aux douaniers, aux préposés aux services de sûreté et de salubrité publiques, aux pompiers, marins, mariniers et teneurs de bain.

A Cette, sur 11,648 habitants, le professeur Daniel compte 300 auditeurs; à La Rochelle, sur 14,857 habitants, il y en a 360.

L'ouvrage que notre Société public sur l'asphyxie est un bienfait réel que l'humanité devra à notre institution et à son fondateur. François de Paulo DE BOURBON.

FONDATION DU COMITÉ D'ASPHYXIE.

Arrêté du 25 juillet 1837.

« Le Conseil général de la *Société des Naufrages*, *dans l'intérêt de » toutes les nations*, dans sa séance du 25 juillet 1837, arrête ce qui » suit, sur la proposition de M. le Secrétaire-général Godde de » Liancourt :

» 1°. Il est institué un *Comité d'asphyxie*, qui avisera à présenter des médecins professeurs pour faire des cours publics et gratuits, sur les soins à donner aux noyés, blessés, etc.

» 2°. Les professeurs et chefs des différents services de santé de la » Société réuniront, une fois par mois, les *Sauveteurs* de leur arron- » dissement pour leur faire les démonstrations sur la manière » d'administrer les secours, sur l'application des instruments con- » tenus dans les boîtes, ainsi que sur celle des médicaments.

» 3°. Une médaille d'honneur et d'encouragement sera délivrée, » chaque année, le jour de la fête du Souverain, par chaque Section, » sur le rapport du Directeur et du professeur chef du service de » santé, à celui des *Sauveteurs* qui se sera fait le plus distinguer par » son application et sa moralité.

» Le Président, MASSÉNA, Prince d'Essling, Duc de Rivoli.

» Pour copie conforme à la délibération du Conseil,

» Le Secrétaire général, Cte Ate GODDE DE LIANCOURT. »

Ministère de l'Instruction publique.

A M. le Secrétaire général.

« J'ai reçu la lettre que vous m'avez adressée le 3 janvier, par laquelle » vous sollicitez, au nom de la *Société des Naufrages*, l'autorisation d'é- » tablir des cours sur l'*asphyxie*, dans les localités où cette Institution forme » des établissements de sauvetage. Les cours sur *asphyxie* par *submersion* » ont paru devoir être d'une utilité incontestable ; en conséquence, j'ai dé- » cidé qu'il y avait lieu d'en autoriser l'établissement, en me réservant, » toutefois, de statuer sur les demandes individuelles qui seront adressées » en faveur des docteurs que la Société chargera de cet enseignement (1).

» Recevez, etc.,

» *Le ministre, Secrétaire-d'État de l'instruction publique, grand-maître » de l'Université,*

5 février 1840. « DE SALVANDY. »

---

(1) Au mois d'août 1841, des cours sont en pleine activité, ou terminés déjà, pour reprendre successivement pendant l'année à Rouen,—Marseille,—, Cette, — Mèze,—Lorient,—Bayonne,— Biarritz,—Alger,—Bone,— Philippe-ville, — Bordeaux, — Quimper, — Roscoff, — Dieppedalle, et au dehors ; au Mexique, en Toscane, dans les Etats romains, etc. Ils sont suivis par plusieurs milliers d'auditeurs généralement obligés.

Ministère des Finances (Douanes).

A M. le Secrétaire général.

« Vous demandez, Monsieur, par une lettre que vous avez adressée à mon » prédécesseur, que l'administration des Douanes impose, à tous ses pré- » posés placés dans les villes maritimes, l'obligation de suivre les cours » sur l'*asphyxie* que la *Société des Naufrages* institue et qui auront lieu » une fois par mois.

» Aussitôt que les cours dont il s'agit auront été établis, et que la *So-* » *ciété générale* aura fait connaître les villes où ils existeront, l'administra- » tion des Douanes s'empressera de donner les ordres pour que le plus grand » nombre possible de préposés de douanes, résidant dans ces villes, les » fréquentent assidûment.

» Je suis bien sincèrement, Monsieur le Secrétaire général, etc.,

» *Le Pair de France, Ministre Secrétaire-d'Etat des Finances,*

Mars 1839. » J.-E. GAUTHIER. »

Comité d'Asphyxie.

Président : le docteur LEROY-D'ÉTIOLLES ;

Secrétaires : le docteur *Sanson* (Al.), agrégé à la Faculté de Médecine ; le docteur *Londe* (Ch.), de l'Académie royale de Médecine.

MEMBRES HONORAIRES, TITULAIRES ET CORRESPONDANTS DU COMITÉ.

Orfila, doyen de la Faculté de Médecine de Paris, professeur de chimie ; — docteur *Fouquier*, premier médecin du Roi, professeur de la Faculté de Paris ; — docteur *Andral*, professeur à la Faculté de Paris ; — docteur *Pasquier*, premier chirurgien du Roi ; — Baron *Barbier*, ancien chirurgien en chef des armées ; — *La Barraque*, membre du conseil de salubrité de la ville de Paris : — docteur *Pariset*, secrétaire perpétuel de l'Académie de Médecine, membre du conseil supérieur de santé, au ministère du commerce, et du conseil de salubrité de la ville de Paris ; — *Chevalier*, membre du conseil de salubrité de la ville de Paris — docteur *Clot-Bey*, directeur suprême de la Société en Égypte ; — docteur *Gaëtan-Bey*, premier médecin de S. A. ; chef du service général de santé de la Société en Égypte ; — *Moustapha-Subskey*, directeur du service de santé de la Société au Caire (Égypte) ; — *Ali Mohammed*, D. M. A., directeur du service de santé à Damiette ; — *Suckari Mohammed*, D. M. P., directeur général du service de santé à Alexandrie ; — docteur *Ferrat*, médecin de la marine, professeur, chef du service de la Société à Alger ; — docteur *Garasse*, professeur à Calais ; — docteur *Thomas*, médecin de l'hôpital de Bone, professeur, chef à Bone ; — docteur *La Grèze*, chirurgien de la marine à Toulon, professeur ; — docteur *Saint-Evron*, médecin de l'hôpital de Darnetal, professeur chef du service de la Société à Rouen ; —

docteur *Jansen*, professeur adjoint à Rouen ; — docteur *Barral*, professeur, chef à Marseille ; — docteur *Santy*, professeur adjoint à Marseille ; — docteur *Santy* (père), professeur à Mèze ; — docteur conseiller *J.-F. Tavares*, premier médecin de S. M. Portugaise, directeur général du service de santé de la Société en Portugal ;—docteur *Petra*, directeur du service de santé de la Société à la Guadeloupe ; — docteur *Hameau*, professeur, chef à La Teste ; — docteur *Rosset*, professeur, chef à Chambéry ; — docteur *Sauvé*, professeur, chef à La Rochelle ; — *Guépin*, professeur, chef à Nantes ; — docteur *Daniel*, professeur, chef à Cette ; — docteur *Blanchard*, professeur, chef à Saint-Nazaire ; — docteur *David*, professeur, chef au Croisic ; —docteur *Dumoncel*, professeur, chef à Granville ; — docteur *Ségond*, professeur, chef à Cayenne; — docteur *Waterword*, professeur, chef à l'île de Wight ; — docteur *Caron du Villars ; — Plisson*, président du Comité d'hygiène à Paris ; — *Bonjean*, chef à Rio-Janeiro ; —docteur *Ahenheim*, professeur à Londres ;—docteur *Pietro Modesti*, professeur à Ancône ; — docteur *Dumesnil*, professeur, chef à Dieppedalle ; — docteur *Darrecagay*, professeur, chef à Biarritz ; — docteur *de Kergaradec*, professeur à Quimper ; — docteur *Martin*, professeur à Bercy ; — docteur *Denis Goulven*, professeur à Roscoff ; — docteur *Borchard*, professeur à Bordeaux ; — docteur *Mabit*, professeur adjoint ; — docteur *Lafond*, professeur chef à Bayonne.

RÉFLEXIONS PRÉLIMINAIRES ADRESSÉES AUX MÉDECINS.

Nous devions, en traçant ces lignes, ne pas oublier qu'il nous fallait écrire une sorte de *manuel* ou de *catéchisme* à l'usage des marins, des mariniers, des pilotes, des habitants qui côtoient la mer et les rivières, des personnes préposées à la salubrité et à la sûreté publique, tels que les douaniers et les pompiers, en un mot, d'hommes étrangers à la médecine. Ce sont, en effet, rarement les médecins qui donnent les premiers secours aux *Noyés* et *Asphyxiés*. Nous avons dû dès-lors faire choix des procédés les plus simples et sur l'innocuité desquels il ne s'élève aucun doute ; quant aux autres moyens les médecins pourront les appliquer s'ils le jugent convenable et comme ils l'entendront, ce n'est point à eux que nous prétendons fixer une règle de conduite ; toutefois, nous leur devons compte des motifs qui nous ont portés à proscrire, ou du moins à mettre, pour ainsi dire, en réserve plusieurs moyens que l'on avait placés en première ligne jusqu'à ce jour. Posons d'abord quelques faits généraux qui nous paraissent dominer tout le traitement de l'*Asphyxie*, les conséquences ressortiront ensuite d'elles-mêmes.

— C'est un fait avéré que, parmi les *noyés*, les uns peuvent être rappelés à la vie après un quart-d'heure, une demi-heure, plusieurs heures même, tandis que d'autres, après quatre ou cinq minutes de submersion sont morts irrévocablement. D'où vient une différence aussi capitale ?

— N'est-ce pas que, dans le premier cas, la syncope étant survenue au moment de l'immersion, ou peu d'intants après, la circulation du sang s'est arrêtée, tandis que dans le second, la circulation ayant continué sans que l'hématose ait pu se produire dans le poumon, le cœur a poussé dans les organes, et dans le cerveau en particulier, un sang veineux qui les frappe de stupeur et de mort ? Cette influence délétère du passage du sang noir dans le système artériel est démontrée par l'expérience bien connue qui consiste à lier la trachée artère d'un animal vivant. Si la suspension de la respiration dure moins de deux à trois minutes, l'animal peut être rappelé à la vie. Si elle se prolonge au-delà de ce temps la mort est complète ; pendant l'expérience, l'on peut suivre, en ouvrant la carotide, le passage du sang, qui devient de plus en plus noir dans le système artériel. D'après cette explication, la seule soutenable dans l'état actuel de nos connaissances, il nous faut admettre que la plupart des *noyés* étaient en syncope, lorsqu'on parvient à les rendre à la vie, après qu'ils ont perdu le sentiment dans l'eau, et qu'il y a d'autant plus de chance de les sauver que la circulation s'est arrêtée plus près du moment où la respiration s'est trouvée forcément interrompue. Ce fait, que la nature de notre travail ne nous permet pas de développer, domine, comme on le voit, le traitement de l'*Asphyxie par submersion*; car il est bien évident que les moyens efficaces contre la syncope doivent être surtout et d'abord mis en usage. Des milliers d'exemples en établiraient, s'il en était besoin, la suffisance. Toutefois, trop pénétrés de l'importance de notre mission pour faire une application exclusive de cette théorie, quelque solide qu'elle nous paraisse, nous nous sommes gardés de nous en tenir aux stimulants légers, usités dans la simple défaillance. Nous n'ignorons pas d'ailleurs qu'une syncope prolongée au-delà d'un quart-d'heure, même à l'air libre, n'est pas sans gravité, à cause de la coagulation du sang qu'une stase aussi prolongée de ce liquide peut produire, et que rend plus imminente encore la soustraction plus rapide du calorique par l'immersion. Sans nous arrêter plus qu'il ne convenait aux croyances vulgaires sur la quantité d'eau avalée par les noyés, croyances dont les expériences de Goodwin et de Nysten ont démontré l'exagération, nous avons dû, cependant, tenir compte de l'embarras des premières voies aériennes par l'écume qui s'y forme lorsque le *noyé* s'est débattu quelque temps avant de perdre connaissance.

Aussi, nous avons joint aux stimulants de la sensibilité les moyens de restituer la chaleur et de rétablir la respiration; mais comme le premier devoir du médecin est de ne point nuire, *primùm non nocere*, nous répétons que nous avons retranché du *Manuel du Sauveteur* tous les moyens dont l'efficacité n'est pas démontrée, et surtout ceux qui sont manifestement dangereux. C'est ce motif qui nous a détournés de conseiller, en première ligne, l'*insufflation pulmonaire faite avec force*, comme on en prescrit la pratique dans tous les ouvrages sur l'*Asphyxie*; et comme on le recommandait, il y a peu d'années encore, dans les instructions jointes aux *boîtes de secours*.

En effet, d'expériences nombreuses faites par l'un des membres du conseil de santé de la Société des Naufrages, et vérifiées par MM. les commissaires de l'Académie des sciences (1), il résulte que l'air poussé dans la trachée artère, sans précaution suffisante, déchire les vésicules pulmonaires, s'épanche dans la cavité de la poitrine, déprime le poumon, l'affaisse et tue en quelques minutes des animaux, tels que des chèvres et des moutons, auparavant pleins de vie et de vigueur.

Le docteur Albert de Wisentheid (2) a démontré depuis, par une autre série d'expériences, les dangers de l'insufflation. Des animaux furent plongés dans l'eau jusqu'à ce qu'ils cessassent de donner signe de vie; les uns furent abandonnés sans secours; sur d'autres on aspira plusieurs fois avec une pompe dont la canule était introduite dans les voies aériennes; d'autres, enfin, furent soumis à l'insufflation pulmonaire : de ces derniers, pas un ne revint à la vie, tandis que parmi ceux des deux autres catégories plusieurs ressuscitèrent. Deux faits que nous ne croyons pas devoir reproduire démontrent encore que l'insufflation pulmonaire doit être pour le moins aussi funeste à l'homme qu'aux animaux d'espèces inférieures (1).

Vainement objecterait-on que des *noyés* ont été rappelés à la vie par l'*insufflation*; que l'on en a fait usage sur les enfants *asphyxiés* en venant au monde. Est-on certain que l'air ait pénétré dans les poumons des *noyés* dont on cite la résurrection? Il n'est pas aussi facile qu'on le suppose d'engager la canule dans la glotte, à moins

(1) Rapport de MM. Duméril et Magendie sur les Mémoires du docteur Leroy-d'Étiolles. Voir le *Journal de Physiologie expérimentale*, pour les années 1827-1828, tomes 7 et 9.

(2) *Archives de Heuke*, t. 26, 1833.

(1) Rapport de MM. Duméril et Magendie sur les *Recherches expérimentales*, relatives à l'Asphyxie. *Loc. cit.* — Mémoire du docteur Albert, Archives de Heuke, t. 26.

qu'on ne se serve du petit appareil conducteur du docteur LEROY-D'ÉTIOLLES, à l'aide duquel on abaisse la langue et on relève l'épiglotte. (1) Or, si la canule ne pénètre pas dans la glotte, la plus grande partie de l'air s'échappe, sans franchir cette ouverture, malgré les précautions que l'on prend pour fermer la bouche et les narines, ou bien il passe dans l'œsophage et l'estomac sans que le poumon en reçoive. Les expériences nombreuses du docteur Albert ne laissent aucun doute à cet égard : quant aux enfants qui naissent *asphyxiés*, en admettant que l'air pénètre, on peut dire qu'il existe une grande différence entre les cellules pulmonaires du fœtus, celles de l'enfant et celles de l'adulte ; il est plus difficile de produire, par de fortes insufflations, la déchirure du poumon du fœtus malgré son peu de volume, que celle du poumon d'un adulte ; au surplus, la plupart des accoucheurs pensent que l'insufflation, moins que les excitants extérieurs, détermine l'apparition de la vie chez le nouveau-né.

L'*insufflation* n'est pas nécessaire pour faire pénétrer l'air dans les poumons du *noyé*. Une respiration artificielle peut-être établie par des pressions réitérées sur les parois de la poitrine ; lorsque la pression est suspendue, les côtes se redressent par leur élasticité, et l'air est aspiré dans les poumons. Chacun peut s'assurer sur soi-même de la réalité de ce fait, et si les médecins veulent en avoir une démonstration plus complète, ils peuvent placer un tube, recourbé dans la trachée artère d'un cadavre, le fixer par une ligature et faire plonger l'autre extrémité dans un vase rempli de liquide : si l'on imprime à la poitrine un mouvement de soufflet par une succession de pression, l'on voit le liquide aspiré, puis refoulé, monter dans le tube et redescendre. Ajoutons que, dans ces pressions alternatives, l'introduction de l'air se fait par un mécanisme qui se rapproche plus de la respiration naturelle que dans l'insufflation ; car c'est la poitrine qui aspire l'air en se dilatant et non pas l'air qui pénètre, de force, dans le poumon pour le distendre. C'est ce mode de respiration artificielle que nous recommandons en première ligne, parce qu'il suffit pour aspirer l'air et imprimer au sang un léger mouvement dans les vaisseaux de la poitrine et de l'abdomen, et parce qu'il est exempt des difficultés, des dangers de l'*insufflation*. Ces pressions cadencées de la poitrine font d'ailleurs partie de la manœuvre de l'*insufflation*, telle qu'elle a été pratiquée dans les résurrections dont on parle. N'est-il pas dès-lors permis de leur attribuer tout le succès. Toutefois, comme on peut le voir, nous ne proscrivons pas absolument l'*insufflation*. Nous l'admettons pour la troisième période du traitement, c'est-à-dire après que les pressions

---

(2) *Journal de Physiologie expérimentale*, t. Y pl. 2, Voyez aussi Marc, *Secours donnés aux Asphyxiés*, p. 114.

cadencées de la poitrine, les frictions et le galvanisme ont été employés pendant plus d'une heure sans succès. On ne devrait y avoir recours plutôt que dans le seul cas où l'entrée de l'air dans les poumons et la sortie de ce fluide élastique hors de ces organes ne seraient pas produites par les pressions cadencées de la poitrine ; ce dont on pourrait s'assurer avec un corps léger placé au-devant de la bouche du noyé, encore vaudrait-il mieux se contenter d'abord de faire des aspirations à la manière du docteur Albert, sans pousser de l'air. Il est inutile de dire que l'insufflation, même à cette période avancée, doit être faite avec précaution, et, s'il est possible, avec le soufflet gradué suivant les âges, proposé en 1827 par l'un des membres de la commission.

Il est un autre moyen généralement conseillé et appliqué, sur lequel nous devons encore une explication, nous voulons parler des *fumigations de tabac* dans l'anus : Hunter, Coleman, Godwin, Brodie, Portal, Orfila, Frank, pensent que cette fumée peut produire des effets narcotiques graves, et qu'elle doit distendre les intestins, balonner le ventre, refouler le diaphragme du côté de la poitrine et gêner le rétablissement de la respiration. Stoll, Cullen, Pott, Pia, Nodéré, Whaves, pensent au contraire que les fumigations de tabac tiennent le premier rang parmi les moyens de rappeler à la vie les asphyxiés. Les sociétés humaines de Londres et de Hambourg, après avoir pendant longtemps préconisé les fumigations de tabac, les ont rejetées de leurs instructions comme inutiles. Les résultats les plus favorables aux fumigations de tabac sont ceux de Pia ; or nous y voyons que, sur 293 exemples de succès, il n'y en a eu que 16 dans lesquelles ces fumigations ont été mises en usage. Au milieu d'opinions divergentes et de faits si contraires, mieux est de s'abstenir ; toutefois nous ne proscrivons pas complètement les fumigations poussées dans les intestins ; nous consentons à ce que l'on y ait recours dans la seconde période du traitement, lorsque les procédés reconnus inoffensifs ont échoué : seulement nous pensons avec Scherwen et Marc que, pour éviter les effets narcotiques attribués au tabac, l'on peut lui substituer l'absinthe, la sauge, le romarin, la lavande, la feuille d'oranger et autres plantes aromatiques. Pour stimuler la contractilité du tube digestif, il est un autre moyen plus puissant, plus instantané et plus inoffensif que les fumigations de tabac, nous voulons parler d'un courant galvanique établi de la bouche à l'anus. Cette action contractile était depuis longtemps expérimentée sur les animaux, lorsque l'un des membres du conseil (1) a prouvé, par des applications sur l'homme vivant, que l'on

(1) Mémoire lu à l'Académie, par le Président du Comité, 1825, suivi d'un rapport de M. Dubois. V. *Archives générales de médecine*, tome 3.

peut produire de la sorte, sans danger, des contractions intestinales énergiques; enfin, M. Lestrohan (1) a montré par expérience, sur les animaux, son utilité dans l'asphyxie. Quant aux autres moyens plus violents encore, et désespérés pour ainsi dire, on peut les essayer après un laps de temps qui rendrait la syncope elle-même dangereuse ou mortelle. Encore, parmi ces moyens, s'en trouve-t-il que les médecins seuls pourraient se permettre de tenter : telles sont la titillation du cœur par la veine jugulaire, l'injection d'eau tiède dans les veines, la transfusion, etc.

Nous avons indiqué, pour la seconde moitié de la première période du traitement, c'est-à-dire, après un quart-d'heure de manœuvre, le passage d'un courant galvanique à travers le diaphragme, d'après le procédé de l'un des membres du Conseil de santé de la Société; les expériences faites par lui devant la commission de l'Académie des Sciences (2) ont démontré les chances de réussite de ce moyen, dont l'innocuité ne peut être mise en doute.

Maintenant que nous avons expliqué à nos confrères les raisons tirées de la physiologie, basées en même temps sur l'expérience, qui nous ont servi de guide et motivé nos préférences dans le choix des moyens de traitement, nous pouvons exposer les instructions auxquelles nous avons cru devoir nous arrêter pour guider les Sauveteurs.

INSTRUCTIONS POUR LES SAUVETEURS.

§ 1. — Des précautions à prendre en repêchant les Noyés.

Des appareils particuliers ont été inventés pour saisir les *noyés* au fond de l'eau et les ramener sans les blesser à la surface. La description en a été donnée précédemment. Mais comme rarement les *Sauveteurs* ont sous la main ces appareils inoffensifs, ils font usage de la gaffe armée d'un crochet qui leur sert à pousser et arrêter leurs embarcations. On ne saurait conseiller trop de soins et de prudence dans l'emploi de cet outil, soit que l'on cherche et que l'on tâte avec sa *pointe*, soit que l'on repêche avec son *crochet*.

REMARQUES IMPORTANTES SUR L'ASPHYXIE.

1°. Les personnes *asphyxiées* ne sont souvent que dans un état de *mort apparente*.

2°. Rien ne peut faire distinguer aux personnes étrangères à la

---

(1) *Dissertation.*

(2) Rapport à l'Académie des sciences, par MM. Dumeril et Magendie sur le Mémoire du Président du Comité (*V. Journal de Physiologie,* t. 7 et 9, années 1827–1828.)

médecine la *mort apparente* de la *mort réelle*, si ce n'est la *putréfaction.*

3°. Le *Sauveteur* doit donner des secours à tout individu retiré de l'eau, ou *asphyxié* par d'autres causes, chez lequel il n'aperçoit pas un commencement de *putréfaction.*

4°. Plusieurs heures d'immersion dans l'eau déterminent toujours l'*asphyxie*, mais ne suffisent pas toujours pour donner la *mort.*

5°. La couleur *rouge, violette* ou *noire* du visage, le *froid* du corps, la *raideur* des membres, *ne doivent pas être des signes de mort aux yeux des Sauveteurs.*

6°. Des *asphyxiés* ont été rappelés à la vie après des tentatives qui avaient duré *huit heures* consécutives.

7°. Pour administrer tous les secours, six personnes suffisent; il faut écarter le surplus qui vicierait l'air.

8°. *Les secours seront administrés avec calme, ordre, activité.*

9°. La pratique qui consistait à suspendre les noyés par les pieds est *mortelle* et *proscrite.*

10°. Le thermomètre centigrade doit s'élever au plus en hiver de 14 à 18 degrés autour du malade.

11°. C'est une grave erreur de croire que la loi ou les ordonnances de police s'opposent à l'administration des secours avant l'arrivée des agents de l'autorité ; elles n'ordonnent pas non plus de laisser les pieds du noyé baignés dans l'eau, comme on le pense généralement. Tout retard, au contraire, est préjudiciable, et rien ne peut empêcher de rappeler, par les moyens que nous allons indiquer, la vie prête à s'échapper.

§ 2. — Ce qu'il faut faire au moment où l'on vient de repêcher un noyé.

12°. Les premiers secours seront administrés au noyé sur le rivage, ou dans un bateau, lorsqu'il n'y aura pas d'habitation très près de l'endroit où le corps a été repêché.

13°. Dès que le noyé sera retiré de l'eau, on le couchera sur le dos sur un plan très légèrement incliné ; la tête, un peu plus élevée que le reste du corps, sera penchée de côté ; si les mâchoires ne sont pas trop serrées, on les écartera doucement pour faciliter la sortie de l'écume, de l'eau, et quelquefois de la vase ou du sable qu'elle contient : si elles sont trop serrées, on n'insistera pas pour les ouvrir.

14°. On tournera entre les doigts le coin d'un mouchoir de poche ou tout autre linge, ou bien on prendra un bout de ficelle, et on l'introduira dans l'une et l'autre narine alternativement, aussi avant que possible, pour débarrasser ces cavités de l'écume et titiller ou exciter la membrane du nez et de la gorge. Pour cela, on agitera dans les narines, cette petite corde ou rouleau, et après quelques instants on la retirera.

15°. Les mains étant appliquées sur les côtés de la poitrine, on comprimera les côtes pendant trois secondes, puis on les laissera revenir par leur élasticité. On recommencera ainsi un grand nombre de fois ces pressions alternatives qui produisent le mouvement de soufflet et imitent l'action respiratoire. Elles doivent être faites avec persévérance; si on les suspend pour quelques instants, elles seront bientôt reprises et continuées pendant plusieurs heures, dans le cas où le noyé ne donne pas signe de vie. Si l'on a sous la main le bandage à six chefs croisés, on l'emploie.

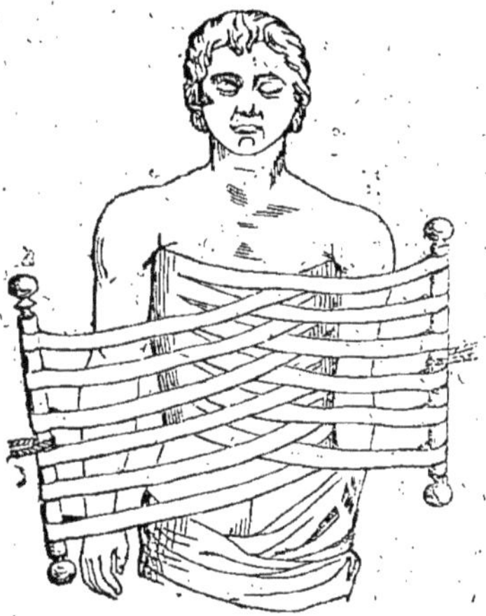

16°. Lorsque la personne qui a repêché le *noyé* est seule et privée d'assistance, elle se contentera d'abord de mettre en usage les moyens indiqués dans les paragraphes 13, 14, 15. Après dix minutes, elle passerait aux frictions indiquées dans le paragraphe 18, pour revenir de nouveau aux pressions cadencées de la poitrine.

17°. S'il y a deux personnes présentes et que l'on ait pu se procurer de *l'eau de Cologne*, du *vinaigre* ou de *l'ammoniaque*, la seconde personne tiendra sous les narines du noyé, mais sans les boucher ni même les toucher, le flacon ou le vase dans lequel ces substances sont contenues. Puis, après deux ou trois minutes, elle s'occupera d'enlever les vêtements mouillés et de frictionner le corps.

18°. Dans le cas où trois personnes se trouveront réunies, la troisième déshabillera le *noyé*. Il faudra déchirer les vêtements ou les couper plutôt que d'arrêter la respiration artificielle que produisent les pressions sur la poitrine, du moins on la suspendra le moins possible. Aussitôt que le corps sera dépouillé, cette même personne le frottera avec un morceau de drap ou de flanelle, les frictions devront surtout être faites sur le creux de l'estomac et le ventre. On chauffera les étoffes qui servent de frottoirs,si on peut le faire sans perdre du temps.

19°. Une quatrième personne pourrait être employée utilement à frictionner et masser les membres inférieurs avec la strigile, (1) ou brosse à rouleau, en usage dans l'Amérique du Nord. Elle produit autant d'effet que les brosses ordinaires, sans avoir l'inconvénient d'user l'épiderme ; pendant que la seconde, placée à la tête et tenant d'une main le flacon de spiritueux frotterait sous les narines, de l'autre main et masserait l'un des bras.

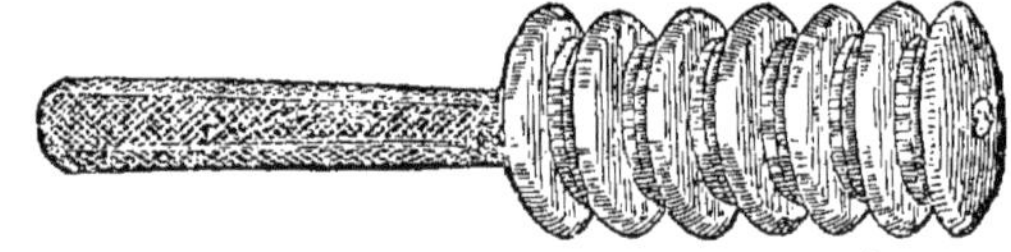

20°. Ainsi, pour mettre de l'harmonie et de la régularité dans les manœuvres, nous disposerons les sauveteurs comme il suit. Celui qui imprime à la poitrine le mouvement de soufflet est à droite du corps; le second, qui frictionne le ventre, la région du cœur et l'un des bras est en face, à gauche; celui qui frictionne les membres inférieurs est à droite; enfin, le quatrième qui tient le flacon sous les narines est à la tête et frotte le bras droit. Il pourra aussi par intervalles souffler fortement sur la figure du noyé, ou l'éventer s'il se trouve-là quelque corps large et léger propre à cet usage.

Si la saison est froide et si l'on a pu se procurer une couverture de laine, on enveloppera le corps avec, et les frictions ainsi que les pressions de la poitrine se feront sous la couverture.

En frottant le ventre, il faut que la main de la personne qui frotte soit d'accord avec les mouvements de la personne qui comprime la poitrine. Elles doivent agir ensemble pour ne pas contrarier et empêcher l'action imitant le mouvement de soufflet, qui aspire et chasse l'air alternativement.

21°. Quand l'accident a lieu dans l'hiver, il faut se hâter de transporter le corps dans une habitation, et, mieux encore, à la maison de secours s'il en existe une à proximité, afin d'y administrer les secours indiqués dans les paragraphes suivants. Pour cela, l'un des sauveteurs s'occupera de rechercher des moyens de transport, et de prévenir le chef de service de santé de la localité.

22°. Si la température atmosphérique est chaude, si une boîte de secours se trouve sur le lieu même du sauvetage, on pourra continuer d'administrer là les secours. L'une des personnes qui pendant le premier quart-d'heure frottaient le corps, disposera la *pile galvanique* suivant l'indication que nous donnons ci-après, fig. 3.

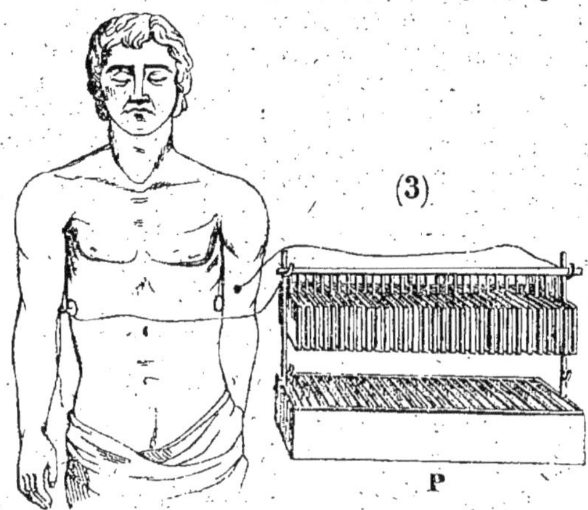

On devra commencer par 20 couples de 55 millimètres carrés pour un homme, 15 pour une femme et 5 pour un enfant, et l'on augmentera, de cinq en cinq minutes, jusqu'à 40 pour un homme, 35 pour une femme et 15 pour un enfant. Quand la pile sera prête, le même sauveteur lui enfonce les épingles jusqu'à la plaque entre la 7e et la 8e côte (fig. N). L'un des conducteurs est fixé à l'une des épingles, le sauveteur prend l'autre conducteur dans la main, et de deux secondes en deux secondes, il touche avec son extrémité la tête de l'autre épingle placée sur le côté opposé de la poitrine. Si l'on ne trouvait pas les épingles disposées *ad hoc*, on ferait une piqûre *qui ne doit pas dépasser l'épaisseur de la peau,* avec une lancette, un canif ou une pointe de ciseaux, pour que la transmission du fluide galvanique eût lieu. Ces piqûres seraient faites comme il a été dit précédemment entre la 7e et la 8e côte sur les parties latérales de la poitrine, dans la direction d'une ligne partant du creux de l'estomac pour faire le tour du corps. (Voy. fig. 3.) Les extrémités des fils conducteurs de la pile seraient mis en contact d'une manière intermittente avec l'une des petites blessures, comme il a été indiqué pour les épingles.

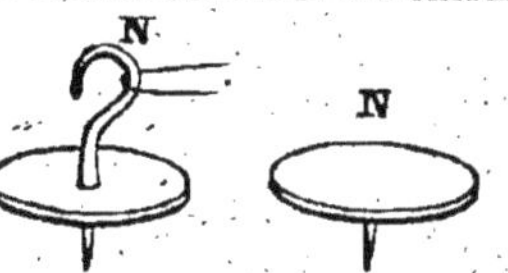

Pendant l'action de la pile qui durera, dans cette direction, un quart-d'heure environ, pour être reprise plus tard s'il est nécessaire, on devra continuer les frictions sur le corps, de même que les stimulants placés sous les narines.

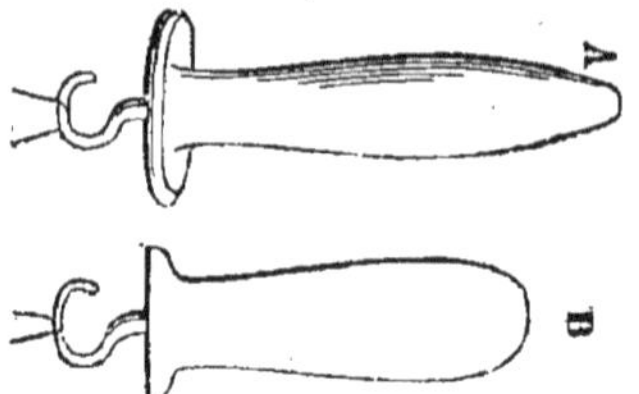

23°. On placera dans l'anus le cylindre en métal, A, et dans la bouche la plaque, fig. B. De temps en temps, les conducteurs de la pile seront mis et laissés en communication avec ces deux pièces métalliques ; le courant, établi de la sorte, durera 5 à 6 minutes ; pendant cet intervalle, le mouvement de soufflet de la poitrine sera repris. On reviendra ensuite au courant à travers la poitrine, comme il a été dit dans le paragraphe 22, changeant ainsi alternativement la direction du courant.

§ 3. — Transport du Noyé à la maison de secours ou dans une habitation.

24°. Nous avons dit que dans les saisons froides il convient de se hâter de soustraire le corps du noyé au froid et de l'exposer à une douce température. Pour cela, l'on devra transporter le *noyé* à la maison de secours, ou, si elle est trop éloignée, à l'habitation la plus prochaine. Le brancard imaginé par M. G. de L., ou une longue civière, recouvert d'un matelas, est le meilleur moyen de transport. Des couvertures en laine envelopperont le corps pendant le trajet. Aux brancards de la Société se trouve joint l'*appareil caléfacteur*, qui se compose d'une lampe à esprit de vin brûlant au-dessous de l'ouverture d'un tuyau recourbé qui conduit le calorique sous les couvertures légèrement soulevées par des cerceaux, ou une cage d'osier. (fig. 6.)

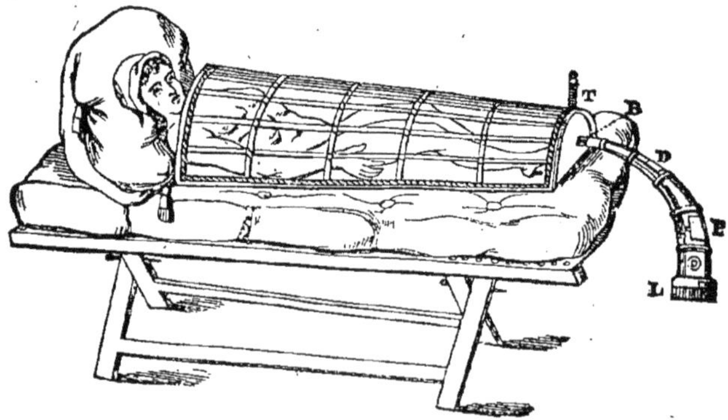

Pendant le trajet on continuera de solliciter artificiellement la respiration par les pressions alternatives; pour cela, avant de se mettre en route, si on a pu se procurer le bandage à six chefs croisés, espèce de corset à la paresseuse, imaginé par un des membres du conseil, (1) on le placera autour de la poitrine. (Voy. p. 100). Deux sauveteurs, marchant de chaque côté du brancard, tiendront les extrémités du bandage et tireront doucement en sens inverse avec la régularité que la marche rendra facile. Si le transport avait lieu sur une charrette, un ou deux sauveteurs y monteraient et continueraient la respiration artificielle et les frictions. Les lits qui se trouvent dans les établissements de secours de la Société peuvent servir en même temps comme brancards. Ces lits consistent en une espèce de civière longue de 2 mètres, large de 75 centimètres, ayant des montants de 1 mètre de hauteur, sur lesquels on place des rideaux et un ciel. Les allonges qui servent à porter le lit rentrent en dedans. (Voir figure 7.)

LITS-BRANCARDS DE M. GODDE LIANCOURT. (2)

§ 4. — Des soins à donner à la maison de secours.

25°. Si en arrivant à la maison de secours ou dans une habitation le *noyé* n'a pas donné signe de vie et que l'on n'ait pas encore fait

(1) La Société humaine de Londres, dans son rapport de 1834, proposa ce mode de respiration artificielle; mais il est constant qu'il avait été décrit et appliqué sept ans auparavant par le Président du Comité. Voir le *Journal de Physiologie*, t. 9, p. 109. Voir aussi l'ouvrage du docteur Marc, p. 229.

(2) Le lit-brancard a été imaginé pour éviter la complication dans l'ameublement des Maisons de secours, et ménager un transport commode et tutélaire aux malades. C'est un lit ordinaire, une espèce de chaise à porteurs, avec quatre montants autour desquels on place des rideaux, et quatre brancards à coulisses qui rentrent à volonté sous la sangle.

usage de la pile, il faut y avoir recours sans retard. En même temps on fera chauffer *les fers à repasser*, *les frottoirs*, et l'on bassinera le lit sur lequel on transportera *l'appareil caléfacteur* dont il est parlé plus haut. On préparerait même un bain si la localité le permettait.

26°. La respiration artificielle, les frictions, les vapeurs excitantes, le galvanisme ayant été continués infructueusement pendant trois quarts-d'heure à une heure environ, il convient de joindre à ces moyens les fumigations intestinales. On place dans la boîte fumigatoire des feuilles d'oranger, de sauge, menthe, etc. ; on les allume et l'on pousse la fumée dans l'anus au moyen de la canule destinée à cet usage. (Voy. fig. 10.) On suspend lorsque le ventre se gonfle, et l'on recommence après qu'il est détendu ; en même temps l'on continue les frictions avec la flanelle chaude, les pressions alternatives de la poitrine, et le galvanisme. Si les fumigations aromatiques renouvelées à plusieurs reprises n'ont rien produit, on mettra du tabac dans la boîte fumigatoire. Deux pipes accolées peuvent, à défaut de boîte, servir à pousser de la fumée dans le rectum. Le tube de l'une des pipes s'introduit dans l'anus, on souffle par l'autre.

27°. Si par ces moyens l'on n'a rien obtenu encore et qu'un bain ait pu être préparé, l'asphyxié y sera plongé : la température ne dépassera pas 30° centigrades ; l'immersion n'aura lieu que jusqu'au tiers supérieur de la poitrine ; des affusions seront faites sur la tête avec de l'eau dont la température sera moins élevée que celle des bains ; on pourra même en projeter à plusieurs reprises sur la figure, le cou et la partie supérieure de la poitrine avec une seringue. Après le bain, qui durera une demi-heure environ, l'on reprendrait la série des moyens ci-dessus pour ne les abandonner qu'après plusieurs heures.

28°. Lorsque le malade commence à respirer, il faut continuer les frictions et l'emploi de la chaleur, *mais surtout laisser la respiration bien libre*. Si le *noyé* faisait des efforts pour respirer, on se hâterait de discontinuer les manœuvres capables de comprimer le bas-ventre ou la poitrine. lorsqu'on s'aperçoit que le malade fait des efforts pour vomir, on peut l'aider en introduisant la *barbe d'une plume* au fond de la bouche.

Dans aucune circonstance il ne faut faire avaler le moindre liquide au noyé avant qu'il n'ait repris ses sens et qu'il puisse facilement avaler.

Le malade ayant repris ses sens et pouvant avaler, on lui donnera une *cuillerée d'eau de menthe ou de mélisse, ou d'eau de Cologne, mêlé à quatre cuillerées d'eau ordinaire*, ayant soin de le tenir *dans un lit bassiné et la tête haute.*

Si le ventre est tendu, on administre un *lavement d'eau tiède* dans lequel on a fait fondre une bonne cuillerée de sel ordinaire, ***mais en admettant toujours que la respiration et la chaleur sont rétablies.***

14

Les boîtes de la Société contiennent la seringue à triple usage ci-jointe, et dont l'application est indiquée dans l'instruction (fig. 4 et 4), de telle sorte que l'on peut y adapter la boîte fumigatoire (fig. 17), comme on le voit dans la figure 4. Un robinet à double effet B, ouvre et ferme alternativement la communication avec la boîte, suivant que le piston aspire la fumée ou la repousse. Si l'on veut appliquer des ventouses (fig. 20), on dispose la seringue comme on le voit (fig. 20). Si l'on veut aspirer la mucosité de la trachée artère ou insuffler de l'air, on adapte la canule laryngienne (fig. 19), comme on le voit à l'aide du bâillon placé entre les dents (fig. 11).

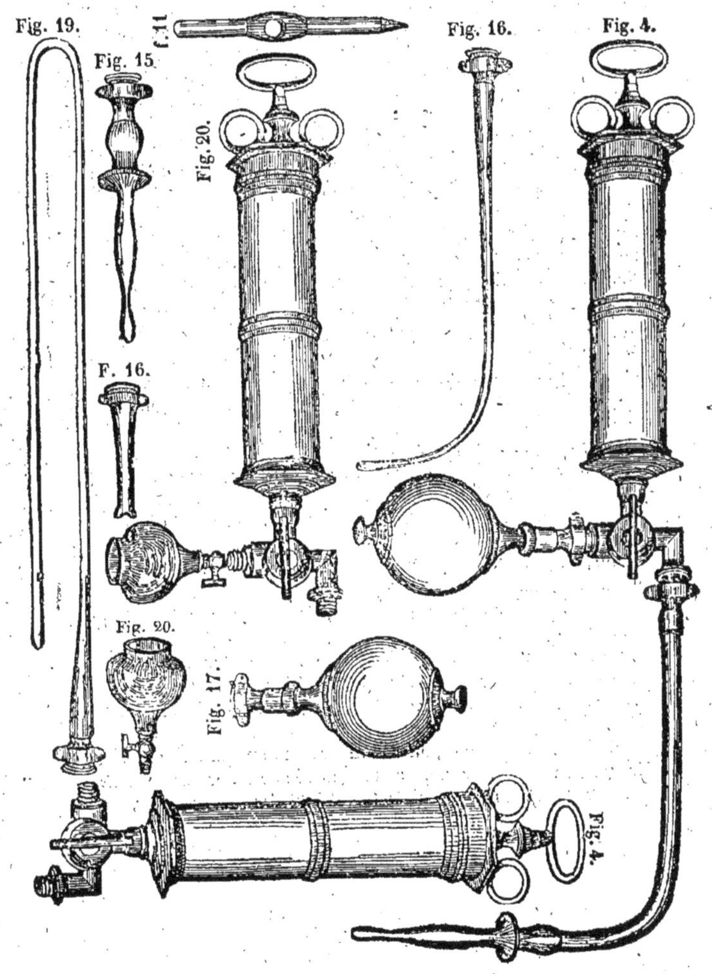

29°. *Le noyé, une fois rappelé à la vie*, il faut le laisser une heure ou deux dans un lit bassiné; s'il dort d'un bon sommeil il faut le laisser dormir. Si, au contraire, la figure d'abord *pâle se colore* fortement, il importe d'appliquer aussitôt les *synapismes suivants aux pieds, à l'intérieur des cuisses et entre les deux épaules* :

Farine de moutarde un quart de livre; autant d'eau chaude qu'il est nécessaire pour faire une pâte; deux cuillerées de vinaigre. On retire les synapismes aussitôt qu'ils ont agi, après un quart-d'heure ou une demi-heure.

On posera aussi six à huit sangsues au-dessous des oreilles. Pour un individu robuste, on peut en mettre trente; on leur applique les ventouses.

Il est bien entendu qu'on n'aura recours à ces moyens qu'autant qu'il n'y aurait pas de médecin présent; car, dans le cas contraire, il aurait à décider dans quelle proportion, sur quel point et par quel moyen *il faut tirer du sang*.

Le docteur directeur du service de santé ou le directeur des sauvetages feront un rapport au *Conseil général de la Société* sur les circonstances qui auront accompagné leurs actes respectifs.

§. 5. — Asphyxie produite par le froid.

30°. Avant de produire l'asphyxie, le froid détermine un engourdissement et une propension au sommeil qu'il faut s'efforcer de combattre, et à l'influence mortelle desquelles on doit soustraire, même par la violence, ceux qui n'auraient pas l'énergie nécessaire pour y résister. Il faut bien se garder de réchauffer brusquement le corps, ce serait s'exposer à produire la gangrène ou la mort.

Le malade étant déshabillé, on le frictionnera légèrement avec de la neige, puis avec des linges trempés dans de l'eau à zéro, à laquelle on substituera au bout de quelque temps de l'eau seulement dégourdie. Ce ne sera qu'avec une extrême lenteur qu'on élèvera la température. On pratiquera d'abord ces frictions à la région du cœur et à celle de l'estomac, puis on les étendra successivement aux différentes parties de la poitrine et du ventre, pour ne les porter qu'en dernier lieu aux membres tant supérieurs qu'inférieurs. Tandis qu'on frottera avec des linges sec, puis légèrement chauffés, le voisinage du cœur, les pieds devront encore baigner dans l'eau froide. Aussitôt qu'un peu de chaleur se manifestera et que les membres auront perdu de leur raideur, on enveloppera la personne gelée d'une large couverture de laine, dans laquelle on continuera de faire des frictions sèches, aromatiques, sans bassiner le lit. Il faut user en même temps de tous les expédients capables de rétablir le jeu des organes de la respiration, tels que les compressions latérales et alternatives des parois de la poitrine, l'emploi de la pile et de tous les excitants qui ont été précédemment indiqués. Quand la déglutition commence à se faire, il est spécialement indiqué dans le traitement de la congélation d'ingérer dans l'estomac quelques cuillerées de vin.

§ 6. — Asphyxie par les gaz méphitiques.

31. Différents gaz et vapeurs peuvent produire l'asphyxie, non plus seulement par la privation d'air, comme le fait la submersion, mais par leurs qualités nuisibles et délétères, tels sont :

Les vapeurs qui se produisent dans les bâtiments que l'on fumige pour détruire la vermine, après un long voyage;

La vapeur de charbon, de braise, des fours à chaux, des cuves contenant des matières végétales en fermentation : raisin, pommes et poires à cidre, etc.

Par les gaz des fosses d'aisance et des égoûts, vulgairement nommé le *plomb*, par ceux des puits, etc.

§ 7. — Précautions à prendre pour retirer l'asphyxié d'une fosse ou d'un puits.

Il faut, le plus tôt possible, retirer l'asphyxié du lieu dont l'air est vicié pour le placer dans un endroit frais et aéré, à l'air libre.

Mais il importe de munir d'un *bridage* ceux qui leur portent secours; à cette précaution *indispensable* on ajoutera celles qui suivent, pourvu qu'il n'en résulte pas une trop grande perte de temps; on arrosera la fosse d'aisance, l'égoût, etc., avec de l'eau chlorurée, une solution de chlorure de chaux ou de soude (eau de Labarraque); on placera sous les narines du secouriste un mouchoir ou une éponge imbibée de cette même eau ; ses vêtements en seront arrosés. Si l'appareil du colonel Paulin pour les feux de cave se trouve à portée, on s'en servira pour mettre le sauveteur à l'abri des gaz et vapeurs délétères. Si l'on est privé de l'appareil ou de la pompe nécessaire à son emploi, on peut lui substituer la nautile ou la ceinture de sauvetage en caoutchouc (fig. 16-17) formant un réservoir à air dont

on se sert pour la natation et que l'on trouve dans les établissements de la Société ; on y adapte un tube à soupape ouverte par la pression des dents ou des lèvres (fig. 16-17). Il conviendra de gonfler la ceinture avec un soufflet plutôt qu'avec la bouche, dont l'air est déjà un peu altéré ; cependant comme cet air est pur comparativement à celui dans lequel le secouriste va se trouver plongé, l'on se servirait de la bouche, faute de soufflet. Une vessie munie d'une canelle de tonneau pourrait à la rigueur tenir lieu de la ceinture et du petit tube à soupape dentaire.

Si l'on se sert de co:d²ges pour retirer l'asphyxié d'une fosse, d'un puits, etc., le secouriste tâchera de placer le lien qui entoure le corps au-dessous des aisselles et de ne pas comprendre les bras, autrement le nœud gl:s²crait, et l'asphyxié retomberait d'une hauteur plus ou moins grande, ou bien le nœud se serrerait autour du cou et l'asphyxié reviendrait à la surface du sol pendu et étranglé, comme nous en avons vu des exemples. La ceinture à anneaux usitée dans les écoles de natation et de gymnastique est très bonne pour cet usage ; les boites de secours de la Société en sont pourvues. Si le secouriste n'a pu être muni d'un réservoir d'air atmosphérique, il retiendra sa respiration autant que possible et remontera, s'il se sent incommodé, pour renouveler l'air contenu dans sa poitrine. On pourrait faire usage de la drague représentée page 75, si on l'avait sous la main.

§ 8. — Secours aux personnes asphyxiées par la vapeur du charbon ou par le gaz qui s'échappe des cuves.

32°. Faire pénétrer l'air atmosphérique dans le lieu infecté ; retirer promptement l'asphyxié de ce lieu pour l'exposer à l'air ; produire la respira.ion artificielle par les pressions alternatives (V. 1) ; après dix minutes ou un quart-d'heure jeter coup sur coup des verres d'eau froide au visage, en grand nombre ; reprendre les pressions alternatives de la poitrine ; employer les frictions, le galvanisme (V. fig. 3). Le traitement ne diffère de celui de l'asphyxie par submersion que par les affusions d'eau froide rapides et répétées sur le visage. Ici, encore, les secours doivent être administrés pendant plusieurs heures.

§ 9. — Secours aux personnes asphyxiées par le gaz des fosses d'aisance et autres gaz délétères.

33°. Ils sont les mêmes que ceux indiqués dans le paragraphe précédent, seulement il importe de placer de suite sous les narines de l'asphyxié du chlore ou une solution de chlorure en même temps que l'on fait les pressions cadencées de la poitrine. (V. 1.)

§ 10. — Secours aux personnes pendues ou asphyxiées par strangulation.

33°. On desserre ou l'on coupe les liens qui entourent le cou, et tout ce qui pourrait gêner la circulation, cravates, corsets, etc.

34°. On couche l'individu sans secousse, le lit légèrement élevé, dans un lieu autant que possible à température moyenne (10 à 15 degrés).

35°. On exerce des compressions alternatives sur la poitrine, on fait des affusions d'eau froide; on fait une saignée, si l'on sait pratiquer cette opération, ou bien l'on applique des sangsues au col; trente pour un homme vigoureux.

36°. Si ces moyens sont insuffisants, revenir aux pressions alternatives de la poitrine et mettre en usage le galvanisme. (V. 1, 3.)

37°. On frictionne en même temps avec de la flanelle. Dès que le strangulé ou pendu est revenu à la vie, on lui donne à prendre du thé mêlé à quelques gouttes de vinaigre.

§ 11. — Secours aux nouveaux-nés qui ont la figure violette, bouffie, et dont quelques-uns pourraient avoir le cordon ombilical autour du cou.

38°. Agir comme dans le cas de strangulation des adultes, couper promptement le cordon en travers; puis le laisser un peu saigner.

A ces enfants placés dans le cas précité, s'assurer si les narines ou la bouche sont obstruées par des mucosités, et, dans le cas où il en existe, les détacher avec les barbes d'une plume, un bout de ficelle ou un coin de mouchoir roulé, frotter tout le corps avec du drap ou avec la main, frotter l'enfant sur les fesses, frotter la région du cœur avec des linges imbibés de vin; frictionner la plante des pieds avec une brosse douce; exciter la respiration par les compressions alternatives et par l'électricité; exercer l'*insufflation très légèrement*, quelques souffles d'air seulement sur la bouche.

§ 12. — Secours aux personnes qui ont perdu connaissance par suite d'une chute d'un lieu élevé ou d'un coup sur la tête.

39°. On pratique une saignée, on applique des sangsues au cou, de la moutarde aux jambes.

On les place comme il a été dit plus haut.

On leur fait respirer du vinaigre de l'eau de Cologne, du sel ammoniac; on projette de l'eau froide à la figure, puis on les frictionne. On excite la respiration par les alternatives de compression, etc., comme dessus.

40°. Si ces moyens ne suffisent pas, on pose sur le bas des reins, des deux côtés de l'épine dorsale, un marteau trempé dans de l'eau bouillante pendant quelques minutes.

§ 13. — Aux personnes frappées par la foudre.

41°. On aura recours aux frictions, aux aspersions d'eau froide, à la respiration de sels ammoniacaux, le marteau trempé dans l'eau bouillante sur les côtés de la colonne vertébrale.

§14. — Secours aux personnes qui perdent connaisssance dans une salle trop chaude, salle de spectacle, bains, etc.

42°. On les expose à l'air frais ; on les débarrasse de tous les vêtements qui peuvent gêner leur respiration. On emploie les sels ammoniacaux, le vinaigre, les aspersions d'eau froide, la ventilation.

§ 15. — Secours à ceux qui sont tombés d'un coup de sang.

43°. On emploiera la saignée, la moutarde aux pieds, les sangsues au col.

Présenté au Conseil supérieur, au nom du Comité d'Asphyxie,
Le Président : Le docteur LEROY-D'ÉTIOLLES,
Secrétaires : A. SANSON, C. LONDE.

Vu et approuvé par le CONSEIL SUPÉRIEUR de la Société,
Le vice-président, Baron DUPIN.

Vu, discuté et approuvé par le CONSEIL GÉNÉRAL de la Société, séances des 15 mai et 28 décembre 1839.

Le Président : Maréchal marquis de GROUCHY, pair de France,
Le vice-président ten: Lieuant-général, baron DUCHAND ;
Certifié conforme,
Le Secrétaire général fondateur, Cte Ate GODDE DE LIANCOURT.

OBJETS CONTENUS DANS LES BOITES DE SECOURS.

1 — 1 paire de ciseaux de 16 centimètres de long, à pointes mousses, pour couper les vêtements.
2 — 1 peignoir en laine.
3 — 1 bonnet *id.*
4 — 2 seringues à double piston en parachute, de Charrière, ou pompes à air, munies du robinet à double effet. La seringue sur laquelle sont inscrits ces mots : *Seringue à fumigations*, est spécialement destinée pour cet usage. La seringue *fig.* 1, sert à toutes les autres indications.
5 — 1 canule à narines qui s'adapte à la seringue et qui sert à retirer les mucosités des fosses nasales.
6 — 1 canule élastique pour retirer les mucosités de la trachée.
7 — 1 flacon d'huile de pieds de bœuf pour graisser les frottements.
8 — 1 bandage à six chefs croisés, pour faire exécuter à la poitrine et au ventre les mouvements qui ont lieu pendant la respiration.
9 — 1 double levier en bois pour commencer à ouvrir la bouche.
10 — 1 double levier à bascule pour tenir la bouche ouverte : les crans sont garnis d'étain, au lieu d'être en fer comme dans les anciens instruments.

11 — 1 bâillon terminé en pointe, d'un côté, pour faire ouvrir la bouche. Il est destiné ensuite à être placé entre les dents, et alors l'ouverture du milieu peut donner un libre passage aux sondes.

12 — 2 frottoirs en laine.

13 — 2 brosses *id.*

14 — 1 strigille, ou brosse à rouleau pour frictionner ou masser la surface du corps, sans user l'épiderme.

15 — 2 fers à repasser, avec leur poignée.

16 — 1 tuyau et une canule fumigatoire que l'on monte aussi sur le robinet de la seringue.

17 — 1 pipe ou boîte à fumigations que l'on visse sur le robinet de la seringue.

18 — 1 boîte contenant 120 grammes d'espèces aromatiques (fleurs de lavande et feuilles de sauge, de chaque 60 grammes, poudre de résine de benjoin, 15 grammes).

19 — Sonde œsophagienne à triple tissu.

20 — Verre à ventouses que l'on applique directement au robinet de la seringue.

21 — 1 canule pour lavements, que l'on monte sur le robinet de la seringue.

22 — 1 canule plongeante que l'on monte sur le même robinet et qui sert à remplir la seringue du liquide médicamenteux.

23 — 1 aiguille pour dégorger les canules, terminée par un bouton.

24 — Des plumes pour chatouiller la gorge.

25 — 1 cuillère étamée; l'extrémité de son manche sert d'abaisse-langue et de conducteur pour engager la canule dans la glotte.

26 — 1 gobelet d'étain.

27 — 1 biberon *id.*

28 — 1 bouteille couverte d'osier contenant de l'eau-de-vie camphrée.

29 — 1 flacon contenant de l'eau de mélisse spiritueuse.

30 — 1 petite boîte contenant plusieurs paquets d'émétique de 2 grains chaq.

31 — 2 bandes à saigner, des bandes roulées, des compresses et de la charpie. Ces objets se trouvent placés dans un sac à coussinet qui sert lui-même à garantir les autres instruments du ballottage.

32 — 2 lancettes avec leur étui.

33 — 1 sachet en toile contenant du soufre et du camphre, pour la conservation des objets en laine.

34 — 1 paquet d'amadou pour allumer les aromates placés dans la pipe.

35 — 1 briquet à frottement avec des allumettes.

Nota. — Sur chacune des pièces contenues dans les boîtes, est gravé d'une manière très visible le numéro correspondant à celui qui se trouve sur cette liste. Ainsi, la sonde œsophagienne porte le nº 19. — La canule à narines porte le nº 5. — La canule fumigatoire porte le nº 16, etc., etc. Par ce moyen, les manœuvres se feront avec plus de promptitude, et toutes les personnes pourront, à la rigueur, préparer les différents appareils.

COMITÉ

D'HYGIÈNE.

ARRÊTÉ DU 7 AOUT 1841.

Le Conseil supérieur de la Société générale des Naufrages, dans sa séance du 7 août 1841, arrête ce qui suit, sur la proposition du Sécrétaire général :

1° Le Comité rédigera un manuel , ou *Petites Chirurgie et médecine de Bord*, à l'usage des capitaines de marine, etc.

2° Les professeurs des cours, enseigneront à leur auditoire les matières que renfermera cet ouvrage.

Le président de la Société : MARÉCHAL MARQUIS DE GROUCHY.

Les vice-présidents : lieutenant général d'artillerie DUCHAND, — l'amiral LALANDE, — le comte DE CHASTELLUX, ancien pair de France.

Pour copie conforme à la délibération du Conseil,

Paris, 9 août 1841.

Le secrétaire général Directeur,

Cte Ate GODDE DE LIANCOURT.

PETITES CHIRURGIE ET MÉDECINE DE BORD.

En publiant un traité de *Petites Chirurgie et médecine de Bord*, la Société générale des Naufrages, ne rend pas un moins grand service, qu'en donnant des instructions précises sur les secours *aux noyés.*

L'ordonnance qui exige un médecin à bord pour vingt hommes d'équipage s'élude facilement, parce que les armateurs embarquent comme *passagers* trois à quatre *matelots*, qui reprennent à la mer le service des autres.

Aujourd'hui, il est vrai, peu de navires, même d'un fort tonnage, ont plus de douze à quinze hommes d'équipage. Mais les capitaines n'ont pour administrer la santé du bord qu'un *médecin de papier*, bien avare de conseils et de précision pratique.

Les coffres de médicaments renferment des substances dont l'emploi n'est pas indiqué, et manquent de choses utiles.

Il était du devoir de la Société générale d'intervenir pour qu'il fût fait tout le bien permis par les circonstances (1).

(1) M. le docteur Santy jeune, praticien d'un mérite solide, chef de service de santé à Marseille, et professeur-adjoint du cours sur l'asphyxie, vient de publier un *manuel* qu'il destine aux capitaines. Cet ouvrage se divise en quatre parties : *Hygiène*, — *Maladies internes*, — *Maladies externes* ou *Chirurgie*, et *un tableau des Médicaments.*

PETITES CHIRURGIE ET MÉDECINE DE BORD.

§ 1. Il est certain nombre de cas de maladie dans lesquels un homme quoiqu'étranger à la médecine peut appliquer des moyens de traitement utiles.

§ 2. On peut encore avec plus d'efficacité faire usage des procédés à l'aide desquels se préviennent quelques affections.

§ 3. La liste des moyens, soit propres à prévenir, soit propres à traiter, ne doit être ni longue ni compliquée pour pouvoir être administrée par d'autres que par des médecins.

Les moyens propres à prévenir beaucoup de maladies sont :

1°. *La purification de l'air* du bâtiment, que l'on obtient par le ventilateur, ou manche à vent ; par l'enlèvement de l'eau croupie de la sentine à l'aide de la pompe ; par les lavages à l'eau de chaux, et de chlorure de chaux ; par le grattage pour éviter l'humidité ; par la répartition des hommes dans les espaces les plus grands possible, sur le pont, le plus souvent qu'on pourra ; la séparation la plus parfaite des hommes et des cargaisons qui portent mauvaise odeur, et par la désinfection de l'air vicié qu'elles produisent, au moyen du même chlorure ;

2°. *La nourriture fraîche*, autant que possible, suffisamment composée de viande, pommes de terre et autres légumes qui se conservent, et de pain fait avec de la farine non avariée, nourriture à laquelle il est utile d'ajouter quelques liquides fermentés : bière, eau-de-vie, etc. L'eau viciée doit être battue à l'air ou bien il faut y mettre du charbon de bois en morceaux, un litre pour deux cents d'eau ;

3°. *Des vêtements de laine*, le soir et la nuit surtout, même dans les pays chauds, et constamment dans les pays froids, renouvelés quand ils sont mouillés ou salis : on doit pourvoir à ce que les hommes en aient assez ;

4°. *La propreté des hommes*, qu'on fera laver avec de l'eau de mer tous les jours, et de l'eau douce aux jours les plus rapprochés qu'il sera possible ; on leur fera rincer la bouche avec un peu d'eau vinaigrée ;

5°. *Un travail proportionné* aux forces, une somme convenable de repos;

6°. *L'entretien de la gaîté à bord*, sans permettre que qui que ce soit devienne la victime des autres.

7°. *Le soin des indispositions légères*, en évitant d'être trompé par les paresseux. Un peu de repos, une nourriture plus délicate, un peu de diète suffisent pour prévenir beaucoup de maladies graves, telles que les fièvres et la dyssenterie ;

8° *La surveillance des hommes*, on doit surveiller les hommes pour qu'ils ne se livrent à aucun excès, autant que possible ; pour qu'ils ne négligent pas des maladies cachées, ou qui commencent ; pour qu'ils se tiennent propres, secs, vêtus ; ne couchent pas au froid et à l'humidité. Cette surveillance profite mieux que les soins du médecin, et force les négligents à se bien porter.

MOYENS DE TRAITEMENT.

§ 5. *Dans le cas de fièvre*, la peau étant chaude, la face rouge, les battements du pouls forts et répétés, la soif vive, les forces abattues, l'individu ayant d'abord été fort et bien portant : saignez au bras, (voyez saignée) ; repos, limonade, ou eau avec quelques gouttes de vinaigre, ou eau dans laquelle on a fait dissoudre 30 grammes de gomme arabique dans une pinte ; bon air, diète. L'individu étant d'abord faible avant la fièvre, ou la fièvre durant depuis longtemps, on supprimera la saignée en suivant le reste du traitement, et l'on accordera, s'il a appétit, un peu d'eau de riz, ou de tablettes de bouillon. Quand la fièvre a commencé par le cours de ventre, et que le malade, après quelques jours est comme hébété, quand en pressant le ventre cette région paraîtra douloureuse, on appliquera 15 sangsues sur le ventre et un cataplasme de farine de lin ; on remplacera les sangsues, si elles manquent, par des ventouses; on recommencera deux ou trois fois ces applications chez un individu fort avant la maladie. On suit le même régime qu'au paragraphe précédent.

Si *le typhus, la fièvre jaune et le choléra* règnent dans les parages où l'on a touché, on fait vomir le malade à la première indisposition, quoiqu'elle soit encore très légère.

Dans ces mêmes maladies, et dans le cas de peste, on applique avec utilité des cataplasmes de moutarde aux jambes et aux pieds, plusieurs fois par jour, et pendant cinq à dix minutes. Les sangsues sur le ventre conviennent au commencement du typhus et de la fièvre jaune, du choléra et de la peste, après qu'on a fait vomir ; puis, si le malade n'est pas mieux, on lui jette sur le corps plusieurs fois un sceau d'eau de mer froide, et on le sèche aussitôt. Dans le cas où il aurait un point de côté, de la toux et des crachats, cela pourrait être une autre maladie ; il faudrait s'abstenir de l'emploi des sceaux d'eau froide. S'il ne survient pas, après plusieurs heures, une sueur modérée, et un état de mieux, on a recours aux vésicatoires derrière le cou et aux jambes. Les cataplasmes émollients sont utiles sur les bubons ou grosseurs qui se manifestent dans la peste ; on donne à l'intérieur de la limonade sulfurique.

Tous les malades doivent être au grand air, sur le pont, séparés...

Si après quelques jours de mal de tête et de fièvre, il survient des rougeurs à la peau, ou des boutons (petite vérole, rougeole, scarlatine), on traite comme pour les fièvres simples (paragraphe 5) ; on insiste sur les cataplasmes de moutarde aux pieds ; autant que possible, il faut n'embarquer que des gens vaccinés. Si la fièvre, avec frisson, chaleur et sueur, laisse des jours d'intervalle où le malade est parfaitement bien, employez sulfate de quinine 20 centigrammes délayés dans 30 grammes d'eau, pendant que le malade est sans fièvre ; augmentez de 5 centigrammes chaque jour, jusqu'à guérison, et continuez après la guérison, diminuant graduellement de 10 centigrammes par jour.

§ 6. S'il *y a jaunisse et douleur au côté droit* ; ventouses ou sangsues au côté et au fondement ; diète ; repos ; boissons, eau avec nitre, 30 centigrammes pour un litre.

§ 7. *Le flux de ventre*, surtout s'il y a du sang, doit être traité au commencement par un vomitif. L'eau de riz gommée, et un lavement avec addition de 5, 6, 15 gouttes de laudanum.

§ 8. Le *vomissement seul, mal de mer*, sans fièvre, par des applications d'eau froide sur l'estomac, des cataplasmes de moutarde aux pieds et derrière le cou, des boissons froides, puis par l'eau gazeuse ; s'il ne s'améliore pas, par une petite cuillerée d'éther, à laquelle on ajoutera 5 centigrammes de camphre, ou un lavement dans lequel on aura mis 10 centigrammes de camphre dans une cuillerée d'huile.

§ 9. Quand il y a *vomissement et douleur* à l'estomac, lorsqu'on presse avec la main, que la langue est rouge ou couverte de matières blanches, qu'il y a soif, qu'il y a fièvre, 15 sangsues sur l'estomac, diète, boissons de limonade ou eau de gomme, et quand cela commence à aller mieux, semouille, tapioka pour nourriture.

§ 10. *Quand il y a douleurs de ventre* très vives, qu'on augmente en touchant avec la main, et s'il y a fièvre surtout : saignée, sangsues ou ventouses, cataplasme de farine de lin, lavement d'eau tiède, etc.

§ 11. *S'il y a des coliques*, qu'on n'augmente pas en pressant avec la main sur le ventre, il faut administrer des lavements avec 10 gouttes de laudanum.

§ 12. *La constipation* se guérit par des lavements d'abord simples, puis rendus purgatifs par 3 cuillerées d'huile d'olive, enfin, si cela ne suffit pas, par 30 à 60 grammes d'huile de ricin ; on la guérit encore par la rhubarbe, 4 grammes dans 30 grammes d'eau à prendre en une dose par la bouche ; par du jalap, 2 grammes. Quand l'estomac est bon, quand en pressant sur le ventre on ne cause pas de douleurs, on peut, dans le cas de constipation, donner l'huile de ricin par la bouche.

§ 13. *Si la bouche est amère, la langue jaune*, s'il y a en même temps, *mal de tête, envie de vomir, dégoût*, sans fièvre ni douleur en pressant l'estomac : vomitif, émétique 10 centig. dans trois verres d'eau, limonade, diète, et s'il y a seulement défaut d'appétit : rhubarbe, 4 grammes dans du bouillon.

§ 14. *S'il y a bouche amère, mal de tête, fièvre :* 15 sangsues ou 3 ventouses sur l'estomac, limonade, diète jusqu'au retour de l'appétit.

§ 15. Quand il y a *mal de gorge*, qu'en faisant ouvrir la bouche, on voit qu'elle est rouge, ou que le fond semble bouché par deux grosseurs : ventouses ou sangsues, moutarde aux pieds, lavement avec huile de ricin ; on se lave la bouche et le fonds de la gorge avec eau, 120 grammes, vinaigre, 50 centigrammes, miel 1 gramme. S'il y a au fond de la gorge des *glaires épaisses*, on souffle dessus par un tuyau de plume, de la poudre d'alun, 2 grammes. S'il y a des points comme rongés, on se contente de l'eau vinaigrée ou miellée ; on cesse d'y mettre du tabac à fumer, si l'on en a l'habitude.

§ 16. Quand il y a *douleurs violentes aux jointures* et fièvre : saignée, diète.

§ 17. Quand il y aux *jointures des douleurs*, sans fièvre, survenues d'elles-mêmes : cataplasme, sangsues ou ventouses.

§ 18. *L'étourdissement, la rougeur de la figure, la perte de connaissance brusque*, ou *le coup de sang*, se traite par la saignée aux pieds, les cataplasmes de moutarde aux pieds et derrière le cou, les lavements avec le miel de mercuriale, 60 grammes dans un litre d'eau.

§ 19. Quand en pinçant le malade on voit qu'il est insensible et sans mouvement d'un côté ; quand les yeux sont rouges, quand il fait très chaud, quand l'individu est fort, qu'il n'a pas perdu de sang ; on a affaire à une *apoplexie* qu'on traite comme le *coup de sang*, et de plus : diète, limonade avec 2 centigrammes d'émétique dans 1 litre d'eau. On ne rend des aliments qu'après le retour de la connaissance.

§ 20. Quand il y a *perte de connaissance* avec pâleur chez un individu faible, qui a eu peur, froid, ou qui a perdu du sang : sel ammoniac sous le nez, coucher sur le dos, la tête non soulevée ; c'est ce qu'on appelle, *se trouver mal*.

§ 21. Quant il y a du *transport* avec ou sans fièvre : moutarde aux pieds, derrière le cou jusqu'aux pieds, ventouses ou sangsues derrière et au-dessous de l'oreille. On attache le malade.

§ 22. Quand il n'y a que des crachats épais ou la toux sans violentes douleurs et sans fièvre, et que le *rhume* a duré longtemps, les mêmes boissons et même un vésicatoire sur la poitrine sont fort utiles. On guérira chez un individu fort bien portant, qui a l'estomac bon, un rhume survenu tout-à-coup, sans fièvre, par un bon punch.

§ 23. S'il y a *toux* avec chaleur et douleur, comme par arrachement de la poitrine. C'est un rhume auquel conviennent la saignée, quelques ventouses et les sangsues. La saignée convient surtout quand il y a fièvre; puis la diète, les boissons d'eau de gomme sucrée.

§ 25. Quand il y a *étouffement, point de côté, fièvre, abattement, toux, crachats ressemblants à de la gomme et collants, ou d'un blanc mêlé de couleur de rouille ou d'orange, avec un son sourd* quand on frappe la poitrine avec les doigts, tandis que dans l'état de santé, la poitrine retentit comme une sorte de tambour peu sonore, c'est une inflammation de poumons que l'on doit traiter par des saignées, des sangsues ou des boissons miellées. Si on ne pouvait pas saigner, on mettrait des ventouses, et l'on pourrait administrer des potions formées de thé 120 grammes et émétique 20 centigrammes, puis le lendemain 25 ou 30, jusqu'à ce qu'il y ait du mieux, en augmentant de 10 centigrammes d'émétique par jour, jusqu'à 60 centigrammes. Si cependant les vomissements étaient très violents, après trois jours on devrait cesser et se contenter de pertes de sang. Ce traitement convient aux personnes faibles et les saignées aux personnes fortes; diète, repos, lavements, et lorsque le mieux revient, on ne doit donner des aliments qu'avec une grande précaution.

§ 26. *Point de côté* survenu brusquement avec toux et fièvre: saignées, ventouses et sangsues; s'il dure plusieurs jours, et s'il n'y a plus de fièvre, si en frappant la poitrine avec le doigt, elle résonne d'une manière plus sourde que chez une personne saine: vésicatoires très larges, diète jusqu'au retour du mieux; grande précaution pour prendre des aliments.

§ 27. *Etouffement, sans fièvre, ni douleur, ni toux, ni crachats:* cataplasmes de moutarde aux côtés de la poitrine, aux pieds, air froid. S'il y a en même temps rougeur et afflux de sang à la face, palpitations de cœur: saignée aux pieds ou ventouses, ou sangsues au bas de la poitrine, boissons gommées et sucrées.

§ 28. *Crachement d'un sang écumeux ou rouge,* chez un individu fort: saignées, ventouses, ou sangsues, diète au bouillon, eau gommée, avec acide sulfurique, 12 gouttes dans un litre, bains de pieds avec moutarde, 60 grammes dans 4 litres d'eau de mer très chaude, pendant cinq minutes jusqu'à la cheville, deux par heures, quatre le matin, et quatre le soir; chez un individu faible on supprime la saignée.

§ 29. *Vomissement de sang,* il est noir, en caillots, rendu avec effort, et non en toussant: boisson d'eau froide, application d'eau froide (eau de mer,) sur la région de l'estomac; cataplasme de moutarde aux pieds.

§ 30. *Quand à la suite d'un coup, ou sans cause connue, il y a enflure et douleur qui s'augmente par la pression,* et lorsqu'il y a rougeur, (ce qui ne se reconnait que quand la partie malade est superficielle,) il est utile sur presque toutes les parties du corps, d'appliquer des cataplasmes émollients, faits avec de la farine de lin. *S'il y a une grande douleur, s'il y a surtout fièvre*, on mettra des sangsues ou des ventouses, et on pourra recourir à la saignée ; la rigueur de la diète et du repos sera proportionnée à la grandeur du mal.

§ 31. Quand la maladie affecte les doigts un peu profondément. On doit sur le champ inciser a deux ou trois lignes d'épaisseur, en ayant soin de faire l'incision longue d'un pouce sur le côté du milieu du doigt, à deux lignes en avant, si le mal est en avant, et en arrière s'il est en arrière.

§ 32. Pour *le testicule* en particulier, on soutiendra avec un suspensoir, et ses gonflements douloureux se traiteront comme ceux des autres parties.

§ 33. *Les rougeurs avec douleur des yeux* se traiteront par des ventouses ou sangsues sur les tempes, même une saignée aux pieds, en faisant baigner l'œil dans l'eau froide aux premiers jours, chaude aux jours qui suivent ; quand l'inflammation des yeux est déjà ancienne (après un mois), on fait tomber dans l'œil quelques gouttes d'une composition formée d'eau 1 gramme, nitrate d'argent 1 centigramme.

§ 34. *La surdité avec douleur d'oreille* se traite par des injections d'eau de guimauve, et des ventouses au haut du cou.

§ 35. *Les écoulements de la verge*, au premier jour qu'ils paraissent, peuvent être traités par thérébentine de Chio, 60 grammes, en trois doses dans une heure. Quand l'écoulement est déjà ancien, on peut aider à le faire passer en prenant baume de Copahu, 4 grammes dans un pain enchanté, tous les jours jusqu'à guérison, mais sans passer plus d'un mois ou six semaines. On pourra à la fin de l'écoulement, pousser avec une petite seringue contenant 30 grammes, *de l'eau* dans laquelle on aura fait dissoudre acétate de plomb, 5 centigrammes, et si la maladie résiste encore, on fera dissoudre du nitrate d'argent, 5 centigrammes. Quand la chaudepisse est douloureuse : bains d'eau de guimauve et sangsues ou ventouses au fondement. Les bubons ou grosseurs dans l'aine se traitent avec un cataplasme de farine de lin ; quand ils sont ouverts, on les panse comme les plaies qui suppurent.

§ 36. *Les chancres à la verge* se traitent par des bains dans l'eau de guimauve, en y maintenant de la charpie, et s'ils rongent, on les touche avec le crayon de nitrate d'argent. Quand ils ne s'arrêtent pas par ce régime et qu'ils sont anciens ; quand ils existent au fond de la gorge ; on doit les traiter en faisant faire pendant six semaines des frictions avec onguent mercuriel, d'abord 4 grammes pendant quatre jours ; puis 6 grammes pendant quatre jours, en augmentant de 2 grammes de quatre jours en quatre jours jusqu'à trois semaines accomplies, et diminuant ensuite de 2 grammes en 2 grammes, tous les quatre jours jusqu'à la fin. Si le malade crache beaucoup et salive et si sa bouche s'enfle, on cesse le traitement; on lui donne des bains de pied à la moutarde, et on lui fait laver la bouche avec eau 1 litre, miel 4 grammes, vinaigre 4 grammes. Un régime de pommes de terre et haricots, de viandes fraîches si cela est possible, et abstinence de viande salées, de vin, d'eau-de-vie, de café ; médiocre travail et même le repos complet, si le mal est violent. Les boissons devront être l'eau de réglisse ou l'infusion de bourrache; on évitera l'humidité et le froid; on changera sur le champ si l'on a été mouillé. Si les chancres étranglent la verge, on incisera pour dégager le gland, d'un coup de ciseau.

§ 36. *Le scorbut,* qui s'annonce par le saignement des gencives, par des taches noirâtres sous la peau, se traite : en plaçant le malade à l'air, au sec, au chaud; par les boissons d'eau, mêlée de quelques gouttes d'eau-de-vie et d'acide sulfurique, la décoction de Ratanhia, le repos, la nourriture la plus fraîche, pommes de terre et viandes conservées non salées. Les plaies se touchent avec un pinceau trempé dans l'eau à laquelle on aura mêlée 4 grammes acide hydro-chlorique pour un 1/2 litre. Le bain froid d'eau de mer pourra être utile.

§ 37. *Les saignements de nez,* et le *pissement de sang,* s'arrêtent en jetant de l'eau froide salée sur le corps.

§ 38. *Des hémorroïdes qui fluent trop,* par un lavement d'eau froide et salée; si elles sont douloureuses on y met un cataplasme de farine de lin.

§ 39. *La gale,* présente des petits boutons entre les doigts et aux plis des coudes, à l'aine, aux jarrets ; ils démangent continuellement : frottez avec onguent citrin, 4 grammes par jour ; baignez dans l'eau de mer, si elle n'est pas froide, tenez chaudement, après quinze jours cela doit être fini ; séparez les malades jusqu'au quatrième jour de traitement.

§ 40. *Traitez la douleur de dent,* en arrachant les dents gatées, avec un davier qui est une pince recourbée. Si la dent est bonne mettez du laudanum, 10 gouttes, sur la gencive.

§ 41. *La douleur de la face* se traite de la manière suivante : mettez de laudanum, 4 grammes, sur la face, tenez chaudement ; si cette douleur de la face et le mal de dent reviennent à des heures fixes, donnez du sulfate de quinine, 20 centigrammes.

§ 42. Une *plaie* dans laquelle il n'y a ni poussière ni morceau de bois, ou quelque autre chose doit être doucement rapprochée et on l'entourera d'un cataplasme de farine de lin entre deux linges.

Si la fièvre survient on la traitera comme au § 6. Quand la plaie suppure et n'est plus douloureuse, on la couvre, après en avoir doucement pressé les bords, d'un linge percé de beaucoup de trous très rapprochés et qui est enduit de cérat, ou d'un autre corps graisseux, frais; puis sur les trous du linge on place la charpie; on maintient le tout avec une bande qu'on ne doit pas trop serrer. Quand on rapproche les bords de la plaie, on a soin d'éviter qu'il reste de l'écartement ; on doit presser un peu plus sur le bas des lambeaux que sur leur sommet. On doit rétablir les parties autant que possible comme elles étaient avant la plaie.

Quand il y a une balle, un morceau de bois, quelque chose dans la plaie, on tâche, sans y mettre trop d'obstination, de l'extraire avec des pinces et autres instruments ; on lave la poussière, on rapproche ; on panse avec le cataplasme de farine de lin. Quand on ne peut pas recouvrir la plaie parce qu'il y a eu enlèvement d'une portion de peau, on panse avec le même cataplasme dans les premiers jours et quand on ne craint plus qu'il y ait gonflement et douleur, on panse avec le linge troué et la charpie.

Quand il y a plaie dans des parties mobiles qui ne peuvent être fixées, on passe dans les bords de la plaie une aiguille armée d'un fil et l'on fait un point et même plusieurs points. C'est le procédé qu'il faudrait suivre pour les lèvres, le ventre, et les intestins ; on fixerait ces derniers vers la plaie.

On rase la peau voisine des plaies.

Les plaies par *brûlure* doivent d'abord être traitées par l'eau froide de la mer, puis comme les autres. Quand la plaie se couvre d'une couche d'un gris, blanc, sale, qu'elle s'agrandit beaucoup et s'enfonce, on doit y appliquer le fer rouge et mettre le blessé aux boissons acides. Quand la plaie a très mauvaise odeur, que le pus est grisâtre, qu'elle est comme violette, mettez de la charpie trempée dans de l'eau chlorurée, eau 1 litre, chlorure 2 grammes. Quand elle est inégale, saignante, promenez pour l'égaliser le crayon de nitrate d'argent sur elle.

Quand un vaisseau donne du sang, on le saisit avec une pince à ligature et l'on noue un fil autour. On peut, en tâtant avec soin la cuisse en devant, dans un enfoncement qui se porte du milieu de l'aine vers le tiers de la hauteur du côté du membre qui regarde l'autre cuisse, sentir avec les doigts le battement du pouls. En appliquant sur cet enfoncement une bande roulée et en appuyant profondément vers l'os cette bande roulée on peut arrêter le sang dans le vaisseau. Faite au-dessus d'une plaie de l'extrémité inférieure, cette compression peut arrêter l'hémorrhagie. Pour la maintenir on doit fixer des bandes roulées à l'aide d'une seconde bande dont on entoure la cuisse en y comprenant la première ; et pour ne pas comprimer la cuisse et l'engorger au-dessous, on place, du côté opposé à celui où presse la première bande, quelque chose de saillant comme un coussin, afin que les tours de la seconde bande ne touchent ni le devant ni l'arrière de la cuisse et ne pressent que les deux points opposés.

Quand l'*hémorrhagie* vient d'une veine, on l'augmente en comprimant entre le corps et la plaie. Il faut dans ce cas comprimer sur un point qui soit plus rapproché des extrémités que ne l'est la plaie.

L'hémorrhagie de la veine est rare et se reconnaît comme il vient d'être dit, quand la compression exercée entre le corps et la plaie l'augmente, à la couleur noire du sang, à son écoulement en nappe.

Enfin, on arrête l'*hémorrhagie* en enfonçant dans la plaie un petit sac enduit de cérat et rempli de charpie, qui presse toute la plaie. On le retire après quelques jours.

Quand un coup, une plaie étroite, un tiraillement donnent lieu à enflure violette ou noirâtre, on la couvre de linge trempé dans de l'eau, avec acétate de plomb, 1 gramme sur 30 d'eau.

Quand, après un long temps, il se forme une tumeur, avec battement, il faut la comprimer par des linges pliés et formant pelotte.

Quand la plaie est ancienne et tarde à guérir, on la panse en la soutenant avec une bande. On peut aussi la mouiller d'eau de mer, en y maintenant des linges humides de cette eau.

§ 43. Quand un coup est suivi d'un bosse ou d'une tache violette: appliquez des linges mouillés d'eau avec acétate de plomb.

§ 44. — *La fracture* se reconnaît à ce que, quand on comprime les os, ou quand on exerce des efforts à leurs extrémités, on les fait céder aux lieux où ils ne cèdent pas d'ordinaire. Elle se reconnaît à une difformité qui survient, quelquefois à une douleur, à un gonflement; on doit, en tirant sur des parties, lorsque ce sont des os longs leur rendre leur longueur et leur forme, puis les maintenir, en plaçant sur le membre cassé des linges mouillés d'eau, avec acétate de plomb (1 gramme) dans 30 d'eau, dont on les enveloppe comme entre deux demi-gouttières; puis on dispose le membre sur des bandelettes ou petites bandes dont chacune est assez longue pour l'entourer une fois et demie, et qui sont posées l'une sur l'autre de manière à se recouvrir d'une moitié de leur largeur; elles sont attachées l'une à l'autre par le milieu; celle qui n'est recouverte par aucune des autres est placée en bas; on la ramène sur le membre de manière à l'envelopper; on en fait ainsi de chacune des autres de bas en haut; il doit y en avoir assez pour recouvrir toute la longueur du membre fracturé; ensuite on applique des coussins de balle d'avoine qui remplissent les vides et permettent de comprendre le tout entre des attelles, ou planchettes, qu'on unit par des liens ou des bandes qui les entourent.

Le membre cassé doit rester en repos; tout le corps y est également forcé lorsque ce sont les membres inférieurs qui ont été fracturés.

On met le coussin sous l'aisselle, et on relève le coude par une écharpe passée sur l'autre épaule, quand c'est l'os de devant de l'épaule qui est cassé.

Quand c'est l'extrémité de l'os du bras touchant à l'épaule qui est fracturée, on doit seulement étendre le bras sur un coussin à angle droit avec le corps.

Quand ce sont les os étendus entre le coude et la main, il faut placer des linges pliés en escalier (compresses graduées) sur le devant et sur l'arrière du membre, pour l'applatir; on appliquera la partie étroite de ces linges du côté de la peau recouverte de linges mouillés d'eau avec acétate de plomb, en maintenant le tout par des planchettes.

Quand la cassure est en haut de la cuisse: pour éviter le raccourcissement, on tire sur le pied qu'on chausse d'une bottine lacée qui, à l'aide de liens, peut être fixée à une barre unissant transversalement deux grandes attelles, ou planchettes. L'une ne remonte pas tout-à-fait jusqu'à l'aîne et doit être placée du côté de la cuisse qui correspond à l'autre cuisse; l'autre, beaucoup plus grande, doit être placée en dehors et remonter jusqu'au-dessus de la hanche; l'extrémité supérieure de cette dernière est reçue dans une petite poche que lui présente un large sous-cuisse, bien ouaté, dont on entoure le haut de la cuisse fracturée, en arrière et en avant de l'aîne, et qui fait porter tout l'effort de la tension sur le pli qui sépare la cuisse des bourses; des rubans unissent en avant et en arrière les deux attelles, et des coussins garantissent le membre de leur contact; on en place trois: un du côté de chaque attelle, une autre en avant. En tirant sur le pied et en le fixant par les rubans de la bottine à la barre transversale, on obtient l'allongement du membre. On a d'abord placé sur le membre des linges mouillés d'acétate de plomb et les petites bandes consacrées à serrer. Il est rare que le membre recouvre toute sa longueur, malgré les meilleurs soins.

Si le petit os du genou est fracturé en travers, on met un coussin en arrière de la cuisse et on y fixe une grande attelle qui tient tout le membre étendu. A l'aide de rouleaux de linge placés en travers, on presse en haut et en bas les fragments séparés, et on les fixe par une bande qu'on ramène sur l'attelle située en arrière; cette bande s'arrête à des entailles qu'on fait à l'attelle.

Au *coude*, on ramène la portion de l'os, qui tend à remonter en arrière, à sa position par un rouleau transversal de linge, qu'on fixe par une bande qu'on croise sur le devant du pli du coude; on étend le membre sur une attelle qui recouvre un coussin en contact avec les linges appliqués sur le membre.

A la tête, les fractures n'ont rien de particulier, à moins qu'il n'y ait enfoncement des os; dans ce cas, le malade est dans un sommeil forcé; il y a, quand on le pince, insensibilité et immobilité d'un côté. Si on sent où est l'enfoncement, et, s'il n'y a pas une plaie qui le fait voir, il faut le découvrir par une incision, et tâcher de relever les os avec un petit levier en fer.

Après un coup ou une chute sur la tête, il y a souvent un état d'immobilité dans lequel le malade paraît comme dormir d'un sommeil tranquille, sans ronflement. Cet état va toujours en diminuant après un ou deux jours; on doit appliquer des sangsues ou des ventouses derrière les oreilles, des cataplasmes de moutarde aux pieds, et maintenir sur la tête des applications froides; diète jusqu'au retour complet à la connaissance et à la santé.

Quand *une côte est cassée*, on met une ceinture large pour diminuer le mouvement qu'on fait en respirant.

Les *fractures du haut de la cuisse* et celles de l'os du genou ne demandent pas moins de 40 à 50 jours, et souvent plus, pour être guéries.

Celles des jambes, 30 jours;

Celles du bras, 25 à 30 jours, termes ordinaires.

Quand il y a plaie et fracture, on panse la plaie comme il a été dit plus haut, et après cela, la fracture.

§ 45. — Quand il y a un *membre démis*, on tâche de ramener dans leur place les parties qui en ont changé en tirant d'abord sur le membre démis dans la dernière direction qu'il a prise, et en le portant graduellement dans sa direction naturelle. On attache pour cela le blessé à quelque chose de fixe, comme un anneau; puis on croise sur les poignets, ou sur les bas des jambes, suivant que le membre démis est le bras, ou la cuisse, des serviettes, qu'on attache par des tours de bandes; c'est par ces serviettes que l'on tire; les efforts doivent plutôt être continus que violents.

On pousse la grosseur formée par l'os déplacé vers son ancienne place avec la main, pour la faire rentrer, en même temps que ceux qui tirent ramènent le membre à sa première direction: En poussant directement, on réussit quelquefois.

Quand les tractions doivent être exercées sur les membres inférieurs, on soutient le tronc par des sous-cuisses larges et des ceintures qui font résistance aux efforts exercés sur les membres.

Quand les parties sont rentrées à leur place, on doit maintenir en repos celles qui sont surtout faciles à déplacer de nouveau. On applique l'eau froide de la mer. Et l'on traite la douleur et le gonflement comme pour toutes les autres parties.

§ 46. — Un simple tiraillement ou *foulure* des jointures est long à guérir et demande surtout du repos; d'abord, et, au moment même, on le traite par des applications d'eau froide de la mer.

S'il survient du gonflement et de la douleur, on traite comme il a été indiqué.

§ 47. Quand on a une *descente* on doit la maintenir rentrée à l'aide d'une pelotte ou d'une bandage ; et si elle a pour la première fois apparu et tout-à-coup, le repos sur le dos pendant 15 jours ou un mois et des sceaux d'eau froide de mer jeté, sur le corps, tous les jours, pourront en empêcher le retour.

Si elle est dure, douloureuse, il faut en plaçant le malade les cuisses fléchies et dans un bain d'eau tiéde ordinaire si l'on peut, d'eau de mer, si l'on ne peut mieux, essayer de la faire rentrer en la pressant avec la main, graduellement, avec patience, en tâchant de faire rentrer d'abord ce qui est sorti en dernier lieu. On saignera le malade, on lui mettra des ventouses sur le ventre pour l'affaiblir, et tâcher de faire mieux rentrer la grosseur. On lui donnera même pour qu'il oppose moins de résistance, 50 gouttes de laudanum en lavement; on lui maintiendra, aux heures où il ne sera pas dans le bain, dans lequel on le laissera des demi-journeés entières, un cataplasme de farine de lin, arrosé de 20 grammes de laudanum sur le ventre.

On doit employer, avec d'autant plus de persévérance, ces moyens que si la descente ne rentre pas, il reste peu de chances de vie à l'individu.

Si elle s'ouvre, on continuera les cataplasmes et on la laissera se vider librement.

Si elle rentre on devra laisser cet homme sans autre travail que celui qu'on peut faire assis.

§ 48. *La rétention d'urine* doit être traitée par des bains d'eau tiède ordinaire ou de mer; si l'on ne peut mieux par des sangsues ou des ventouses au fondement.

Le blessé, s'il est adroit, essayera d'introduire une sonde avec précaution. Sa verge doit être tirée sur le ventre ; la sonde doit être graissée et sa concavité tournée en haut. On la glisse sans effort, en pressant le bout plutôt en haut qu'en bas, et quand elle est entrée de cinq à six pouces, on essaie doucement, en la laissant presque aller toute seule, à l'abaisser dans la direction ordinaire de la verge ; elle doit encore cheminer de deux pouces; l'urine en sortant fait connaître qu'elle est arrivée.

Si l'on n'y est pas parvenu et que l'on sente *distinctement* dans le fondement, à deux pouces de l'entrée, qu'il y a là une grosseur très considérable et pleine de liquide, il faut introduire sur le doigt la pointe d'un trocart, la pousser d'un demi-pouce, retirer la tige et laisser couler l'urine par la canule qu'on laisse un jour ou deux, en la maintenant avec un lien.

§ 49. *L'enflure des membres*, sans rougeur et avec empatement, se traite par le repos au lit et l'application d'eau, un litre, eau-de-vie, un décilitre, camphre dissous d'abord dans l'eau-de vie, 25 centigrammes et par une bande serrée à partir des doigts.

§ 50. *L'ampoule* ou la cloche qui survient après un frottement aux mains et aux pieds, doit être piquée avec une aiguille, pour laisser écouler le liquide. On n'arrache pas la peau ; on applique un linge trempé dans l'eau blanche.

Liste des objets utiles au traitement pour vingt hommes et au-dessous pendant trois mois ; — Instruments et appareils.

Émétique, 60 grammes en doses de 5 centigrammes en poudre.
Ipécacuanha en poudre, 100 grammes; en doses de 30 centigr.
Jalap, 30 grammes, en doses de 30 centig.
Rhubarbe, 100 grammes, en doses de 2 et 3 grammes.
Farine de graine de lin, 25,000 grammes.
Farine de moutarde, 7,000 grammes.
Huile de ricin, 100 grammes.
Huile d'olive, 100 grammes.
Vinaigre, 2 litres.
Miel de mercuriale, 100 grammes.
Thérébenthine de Chio, 100 grammes.
Copahu, 100 grammes.
Sulfate de quinine, 50 grammes.
Acétate de plomb, 500 grammes.
Nitrate d'argent, 50 grammes.
Nitre, 50 grammes.
Acide citrique, 100 grammes.
Citron, 100.
Acide sulfurique, 50 grammes.
Camphre, 10 grammes.
Éther, 50 grammes.
Laudanum, 250 grammes.
Guimauve (racine de), 2,000 grammes.
Réglisse, 250 grammes.
Ratanhia, 500 grammes.
Bourrache, 500 grammes.
Violette, 500 grammes.
Onguent mercuriel, 100 grammes.
Onguent à vésicatoire, 500 grammes.
Vésicatoires préparés, 10.
Cérat, 2,000 grammes.
Chlorure de chaux, 10,000 grammes.

Chlorure sodium, 250 grammes.
Thé, 250 grammes.
Sucre, 8,000 grammes.
Miel, 1,000 grammes.
Eau-de-vie, 1,000 grammes.
Sangsues, 100.

§ 52. — *Appareils.*

Deux appareils de fracture de chaque membre.
Six bandages de corps.
Dix larges sous-cuisses ouatés.
Deux-cents compresses de trois dimensions.
Vingt grandes bandes.
Cent petites bandes.
Deux mille grammes de charpie.
Dix oreillers de balles d'avoine.

§ 53. — *Instruments.*

Une trousse dans laquelle sont en outre des instruments à pansements.
Des lancettes.
Un trocart.
Une sonde d'argent et dix sondes de gomme élastique.
Quatre ventouses avec et sans pompe.

Présenté au Conseil supérieur au nom du *Comité d'hygiène.*

Le rapporteur, docteur, A. SANSON.

Le président, docteur PLISSON.

Docteur LONDE, docteur DENIS-GOULVEN, docteur SANTY, membres de la commission.

Approuvé par le CONSEIL SUPÉRIEUR, en séance du 14 octobre 1841, sous la présidence de S. A. le prince SWIATOPOLK DE MIR.

Approuvé par S. EX. LE PRÉSIDENT TITULAIRE de la *Société générale internationale des naufrages.*

Le Maréchal, pair de France, MARQUIS DE GROUCHY.

Pour copie, le Secrétaire général-fondateur,

Cte Ate GODDE DE LIANCOURT.

14 octobre 1841.

TABLE DES MATIÈRES

DES PETITES CHIRURGIE ET MÉDECINE DE BORD.

	Paragraphes.
Acétate de plomb (Eau blanche).	34, 42
Air.	4
Alun (Poudre blanche).	4
Ampoule.	50
Appareils (Ce qu'il faut pour les fractures).	51
Apoplexie.	22
Bile.	14, 15
Bouillon (Eau chaude, un litre pour une tablette).	»
Bourrache (Feuilles de); faire bouillir, mettez 4 grammes de feuilles, 10 gr. de miel dans un litre d'eau.	
Bubons, grosseurs à l'aine.	6, 34
Chancres.	34
Chaudepisse.	34
Crachats.	23, 24, 25
Crachement	34
Chio (Thérébenthine de).	34
Chlorure de chaux. Pour désinfecter, on la répand en arrosant sur le lieu qu'on veut désinfecter.	42
Chlorure de soude. On en met un 10e dans l'eau douce pour panser les plaies qui ont mauvaise odeur.	42
Cloche.	50
Copahu.	34
Coup.	43
Coup de sang.	18
Citrin, onguent citrin.	39
Coliques.	11
Constipation.	12
Choléra.	35
Descentes.	47
Démis (Membre).	45
Dents (mal aux), à la face.	40, 41
Douleur aux jointures.	45, 34, 42
Eau blanche (V. acétate de plomb).	28
Eau froide.	35
Estomac.	10
Étouffement.	26

	Paragraphes.
Étourdissement.	18
Émétique (voyez vomissements) . .	13, 24
Enflure.	29, 49
Éther.	8
Farine, la faire examiner par un pharmacien pour s'assurer si elle n'est pas avariée, ni mêlée. .	
Farine de lin : on s'en sert pour faire des cataplasmes. Pour cela on fait bouillir de l'eau, et dès qu'elle bout, on y verse de la farine de lin, jusqu'à faire une bouillie un peu liquide. On met le tout sur un linge dont on relève les bords pour l'empêcher de couler et on applique chaud sans brûler.	
Fièvre.	5
Fièvre jaune.	5
Foulure.	46
Fracture.	44
Gaîté.	4
Gale.	39
Gomme arabique (Eau de rivière, 1 litre, gomme, 30 grammes, sucre, 10 grammes. . .	
Gazeuze (Eau). Eau de Seltz. . . .	
Guimauve (Eau, 1 litre, racine de guimauve, 30 grammes ; faire bouillir une heure.). . .	
Hémorrhagie.	42
Hémorrhoïdes.	38
Hernies (voyez Descentes). . . .	47
Huile d'olive (quelques cuillerées dans un lavement.	
Huile de ricin (60 grammes, lavement ou par la bouche.	
Hydrochlorique (Acide) pour laver avec un pinceau les plaies de la bouche ; on l'affaiblit en mettant 4 grammes pour 1/2 litre d'eau. . .	
Indisposition légère.	4
Instruments.	52
Jaunisse.	
Jointures.	17
Lavage.	4
Lavement. Il faut graisser la canule et prendre garde de blesser ou de brûler. . .	
Limonade (Eau, un litre, jus d'un citron, 10 gr. sucre, ou acide citrique, 2 gr., et 10 gr. sucre).	

Paragraphes.

Limonade sulfurique ; on verse 5 à 10 grammes d'acide dans la limonade.
Lin (Voyez farine de).
Laudanum. 8, 9, 15
Mal de tête. 14
Mal de gorge. 15
Mal (Se trouver). 20
Mal de mer. 8
Mal de dents. 40
Manche à vent. 4
Mercuriel (Onguent). 34
Miel ordinaire. Boisson miellée : eau, un litre, miel, 30 grammes.
Miel de mercuriale : 60 gr. dans un litre en lavement.
Moutarde. — Pour préparer le cataplasme de moutarde, on fait chauffer l'eau jusqu'à ce qu'elle bouille, on la retire ; on verse la farine de moutarde jusqu'à faire une bouillie ; on verse quelques gouttes de vinaigre, on fait le cataplasme comme celui de graine de lin, et on l'applique chaud sans brûler. 7
Nitre. 4
Nourriture. 34
Nitrate d'argent 31
Panaris. 34
Oreille. 5
Peste. 42
Plaie. 25, 26
Point de côté. 4
Préservatifs (Moyens). 4
Propreté.
Purgatifs. — On peut encore employer par la bouche, 1/13e sel de tartre, 30 grammes dans un verre d'eau, sel de Glaube, 30 grammes, manne, 64 grammes, rhubarbe, de 4 à 8 grammes, jalap, 1 à 3 grammes, en lavement, miel mercuriel, 60 grammes.
Purification de l'air. 4
Réglisse (Racine de). — Eau, un litre ; faites bouillir, mettez 30 grammes de racine de réglisse ; laissez infuser une 1/2 heure ; mettez sucre ou miel, 15 grammes.
Répartition des hommes. 4

Paragraphes.

Rhubarbe. 13

Rhume. 23, 24

Riz (Eau de). — On fait crever le riz, et on fait encore bouillir jusqu'à dissolution presque entière ; eau, un litre, riz, 30 grammes. . .

Rougeole. 5

Ratanhia (Racine de), 30 grammes dans un 1|2 litre d'eau, faites bouillir. . . . . .

Rétention d'urine. 48

Sel ammoniac dans un flacon bien bouché ; on ouvre le flacon et l'on fait respirer le sel, mais prudemment. . . . . . .

Saignement de nez. 37

Saignée. . . . . . .

Saignée au bras. On entoure d'un linge étroit et serré le bras audessus du pli du coude. On fait ainsi gonfler les veines. Quand les veines sont gonflées au pli du bras, on voit qu'à partir d'un peu au dessous du pli du coude, il y en a une sur le milieu qui se divise en deux autres ; de ces deux autres, l'une va vers le côté du bras qui regarde le corps, et la seconde, va vers l'autre côté. De ces dernières veines la première est la plus grosse ordinairement, mais il est dangereux de la saigner parce qu'elle est au-devant d'un autre vaisseau dont la blessure produit l'hémorragie; elle doit donc être saignée très légèrement ; la lancette ne doit pas la transpercer. L'autre, qui va du côté opposé à celui qui regarde le corps, est ordinairement plus sûre ; les autres veines qui se rendent au pli du bras, sont aussi moins dangereuses, mais elles donnent moins de sang que les deux veines dont il vient d'être parlé.

Quand la veine est bien gonflée, on y plonge la pointe de la lancette d'abord droit, puis on abaisse le manche, pour que le tranchant coupe de la veine vers la peau, et on pousse de deux à trois lignes dans la direction de la veine, en relevant après cela le manche de la lancette pour sortir droit. Si l'on a bien pénétré le sang jaillit; on le laisse couler jusqu'à 90, 120 et 500 grammes, suivant la force du mal et de l'individu. Quand on n'a pas la quantité de sang suffisante, on aide à l'écoulement du sang, en faisant tourner et serrer dans la main de la personne saignée, quelque chose de rond, comme un étui ; on peut encore aider, en pressant de la main du blessé, vers la *saignée*, à rebrousse poil, les veines avec sa propre main. Quand on a eu la quantité de sang suffisante, on retire le lien serré au-dessus du pli du bras, et on applique deux ou quatre petits linges pliés sur la plaie de la veine, et même au-dessous sur la veine elle-même, parce que le sang de la veine remonte de la main vers

Paragraphes.

le corps. Si l'on avait un jet de sang rouge qui sautât loin, par secousses, on aurait blessé, par maladresse, le vaisseau au-dessous de la veine. On devrait dans ce cas, chercher le pouls le long dun enfoncement qui suit le côté du bras qui regarde le corps à partir de l'aisselle, jusqu'au pli du coude. Si l'on sentait battre, on mettrait là une bande roulée comme cela a été dit pour les blessures de la cuisse. (Voyez paragraphe 43.)

On peut saigner les veines du pied au devant de la cheville qui regarde l'autre pied; et soit au bras, soit à la jambe, on peut saigner toutes les veines qui sont suffisamment grosses. On place le lien pour le pied, au dessous du jarret, et l'on fait prendre avant de saigner, un bain de pied, dans l'eau chaude pour gonfler les veines.

S'il survient dans la plaie de la saignée, de la suppuration avec douleur, on pose un cataplasme de farine de lin.

S'il survient au moment même de la *saïgnée* une petite grosseur noirâtre, sans battement, on y applique de l'eau blanche. Si, après quelques heures de la *saignée*, il se développe une grosseur qui s'augmente avec des battements comme ceux du pouls : on y applique des linges pliés en quatre, et on la bande.

Si au moment de la *saignée*, il y a une enflure de tout le bras, qui devienne bleue, on applique la bande roulée comme il a été dit pour l'écoulement du sang rouge et par secousse.

Si le malade se trouve mal, on lui jette fortement de l'eau froide à la figure avec la main mouillée. On le couche, la tête presque pas plus haute que le corps; on lui fait respirer du sel ammoniac.

Sangsues, on les conserve dans l'eau douce qu'on renouvelle tout les huit jours, en jetant les sangsues mortes, On peut les faire servir encore en les faisant dégorger dans de l'eau douce; mais il ne faut pas les mêler avec les autres qu'elles ne soient parfaitement dégorgées. On mouille d'abord la place où elles doivent-être appliquées; on les met dans un verre ou un linge, et on les tient appliquées sur le point où l'on veut qu'elles prennent.

Salivation. 34
Scorbut. 36
Semouille, 4 grammes, bouillon, un litre. .
Scarlatine (Fièvre). 5
Sulfate de quinine. 5, 41
Testicule. 31
Térébenthine de Chio. 34
Toux. 22, 24, 25
Tapioka, 2 grammes dans 1/4 litre de bouillon.
Transport. 21
Travail. 4

Paragraphes.

Trocart, instrument composé d'une tige pointue, armée d'un manche et engagée dans une canule que dépasse la pointe. On enfonce la pointe et une ou deux lignes de la canule, sans rien blesser; on retire la tige et on laisse la canule par laquelle coule le liquide, jusqu'à complète évacuation. .

Typhus. 5

Ventouses. . . . . . .

Ce sont des cloches en verre; on met des étoupes, 2 grammes, ou 4 grammes, suivant la grandeur des ventouses. On enflamme l'étoupe dans la ventouse, puis on renverse la ventouse, dans laquelle brûle l'étoupe sur la partie où l'on veut l'appliquer. On applique soigneusement les bords pour que l'air n'entre pas. Quand l'étoupe est brûlée, la ventouse est comme attachée à la peau.

On commence, avant de placer la ventouse, par faire à la peau du point où l'on doit l'appliquer des petites incisions d'une ligne de profondeur et de trois de longueur, à distance de deux lignes l'une de l'autre; le sang sort par ces petites incisions et remplit la ventouse; on la détache alors, et l'on met un cataplasme de farine de lin sur les parties incisées.

Quand on a des ventouses à seringue, on n'a qu'à pomper de manière à retirer l'air, après avoir incisé la peau comme ci-dessus. On évite alors de brûler l'étoupe. Une ventouse vaut trois ou cinq sangsues.

Vésicatoire. . . . . . .

On rase la plaie, on lave avec du vinaigre, on applique le vésicatoire; après deux heures, on crève la cloche, ou on déchire et arrache la peau. Le premier jour, on applique un linge enduit de cérat; le second jour, on applique de l'onguent à vésicatoire. Quand on veut fermer la plaie, on applique le cérat.

Vomitif et vomissement. . . . .

Pour l'ipécacuanha, 1 gramme 25 centigr dans trois verres d'eau: dans le cas de dissenterie, de fièvre, de choléra, émétique, 10 centigrammes dans un verre d'eau. On prend ensuite beaucoup d'eau tiède après l'ipécacuanha, comme après l'émétique dans le cas où l'on veuille aider le vomissement. . 13, 30

Verge. 34

Ventre. 15

Vérole. 34

Vérole (Petite). 5

Yeux. 32

MATÉRIEL INDISPENSABLE D'UN ÉTABLISSEMENT DE SAUVETAGE.

1. 2 GRENADIERS DE SAUVETAGE.
2. 12 biscaïens de calibre.
3. 12 biscaïens à grapin pour lancer à la main.
4. 1 caisse en ferblanc avec 24 charges en gargousses, capsules.
5. 4 cadres de cordes, portant chacun 300 mètres. 2 fanaux et des fusées grégeoises brûlant par la pluie, et servant à fixer le point où les secours sont établis.
6. MORTIER de 22 cent. avec tout son outillage.
7. 6 bombes simples à piton.
8. 6 bombes lumineuses.
9. 4 bombes à grapins.
10. 4 bombes lestées.
11. 24 gargousses de poudre, dont 4 de 400, 500 et 600 grammes,
et 4 de 700, 800 et 900 —
renfermées dans une boîte en ferblanc, peinte en blanc.
12. 40 étoupilles à l'épreuve de l'eau.
13. 4 cadres en bois de chêne.
14. 8 FUSÉES DE SALUT.
15. 2 cadres avec ligne de 6 cent. de diamètre sur 400 mètres de longueur.
16. 1 BATEAU DE SAUVETAGE paré.
17. 1 bateau à glaces, selon les localités.
18. 12 NAUTILES de salut.
19. 1 gaffe à pointe mousse.
20. 1 chien de Terre-Neuve.
21. Mâts de signaux.
22. Porte-voix.
23. 1 grelin.
24. Une ligne de baleine de 200 brasses.
25. Poulies, élingues, paniers.
26. 2 petites bouées pour jeter à la main.

SERVICE DE SANTÉ.

(Médecine et Chirurgie.)

Voir page 127, de la table particulière.

27. Une boîte complète de secours.
28. Une demi-boîte pour le service de la côte.
29. 2 brancards avec modèle du matelas de salut.
30. Literie complète de rechange.
31. Vêtements, chaussettes, bonnets, pantalons
32. Ustensiles de ménage.
33. Baignoire.
34. Une pile voltaïque.

TABLE GÉNÉRALE DES MATIÈRES.

DISCOURS PRÉLIMINAIRE. Historique de la fondation des Sociétés humaines dans divers pays ; leurs ressources. . . . . à 18

PIÈCES JUSTIFICATIVES ET HISTORIQUES. Présentation au Roi des Français ; — lettres des souverains : Portugal, Espagne, Norwège, Inde, Rome, Wurtemberg, Prusse, Naples, Russie, Grèce, Mexique, Piémont. . . . . . . 9 à 16

DU GRENADIER DE SAUVETAGE. Établissement d'un *va et vient:* calibre, charge, exercice, pointage, lovage des cordes ; — Rapport de la Commission d'examen. 17

DE LA BALISTIQUE DE SAUVETAGE. — Définition. Amiral Manby ; Bell ; capitaine Manby ; Blangy. — Des mortiers, des pitons ; charges, portées, pointage, bombes lumineuses ; — du mortier de petit calibre ; —de l'influence du mouvement de la terre sur le tir des projectiles. — Objections contre les effets des bombes-amarres. . 25 à 37

DU SYSTÈME DES GRAPINS. 38

FLÈCHES DE MM. MURRAY ET MACQUET. . . 39

FUSÉES DE GUERRE. Perfectionnement. Divers calibres, prix ; portées ; angles. . . . . .

FUSÉES DE MM. DENNET ET DE CONGRÈVE. . . 44

FUSÉES DE MM. GODDE DE LIANCOURT ET RUGGIERI 45

FUSÉES DE M. CARTE, EMIN-PACHA. — TRENGROUSE. 46

RÉFLEXIONS SUR L'EMPLOI DES ARMES DE GUERRE AU SAUVETAGE. 47

BALISTE DE SAUVETAGE DE M. TOUBOULIC. . 48

ARC DE SAUVETAGE DU MÊME. 49

ARBALÈTE, id. 49

BISCAYENS A GRAPINS. 49

BATEAUX DE SAUVETAGE. 50

Genre, forme, du bateau de mer, de M. Godde de Liancourt. 52

DIVERS BATEAUX DE SAUVETAGE. — GREATHEAD.. 55

Palmer ; etc. 56

BATEAU D'AMSTERDAM. 59
Établissement d'un va et vient. 60
Chaloupe de Copenhague. 60
Bateaux des amiraux Hunter, Sidney-Smith. . 61
BATEAUX de Lowestorff, de Clarge, Morris, Mac-Instoch. 62
Kisten, de la Tamise, etc. 63
BATEAUX A GLACES de Ritzler. 63
Id. De M. Godde De Liancourt. . . 64
RÉFLEXIONS SUR LES BATEAUX. 65
RADEAUX DE SAUVETAGE. Balzes. Sir Sidney-Smith. 66
Bateman, Canning, Evans, Monbrion, Ballingall, Egerton Smith, etc.
NAUTILES DE SAUVETAGE. — Divers modèles de M. Godde de Liancourt. — Colleau.
MATELAS DE SECOURS. 73
PHALANGE DES SAUVETEURS. 74
DRAGUES A CUILLÈRE. — Sondeurs à pinces, filets, cages, gaffes. 75
CHIEN DE TERRE-NEUVE. 77
ANCRE D'AMARRAGE. 77
BOUÉES DE SAUVETAGE DE JOUR ET DE NUIT. . 79
BALISAGE. 81
DES SIGNAUX. 82
DES PHARES. 83
SIGNAUX A CALAIS. 84
MAT-PILOTE-FÉNOUX. 85
SERVICE DE SANTÉ (ASPHYXIE). 90
FONDATION DU COMITÉ. 91
MANUEL DE TRAITEMENT. 94
Instructions pour les Sauveteurs ; — des différentes espèces d'asphyxie ; lit brancard ; — froid, chaleur, gaz méphitiques, vapeur de charbon, strangulation, coup de sang, etc.
Objets contenus dans les boîtes de secours. . . 111
PETITES CHIRURGIE et MÉDECINE *de bord* avec leur table particulière. 113

PARIS, Imprimerie de C.-H. LAMBERT, 7 rue de Londres.

me[illegible]re de la Société a le droit d'assister aux séances du Conseil Général avec
consultative.

Conseil Supérieur.

9o. Le Conseil Supérieur se réunit dans les premiers jours de chaque mois, sous
la présidence du Secrétaire Général, ou de l'un des Présidents titulaires ou honoraires
de la Société. Il prend communication des rapports, et avise aux décisions nécessaires
à la marche et au développement de l'Institution. — Le *Conseil Supérieur* approuve ou
rejette les dépenses fixes ou variables. — Le *Conseil Supérieur* se compose des Présidents titulaires de la Société, du Secrétaire Général, des Présidents, Vice-Présidents
et Secrétaires de Comités, les délibérations seront validées par la présence de cinq d'entr'eux. — Les Présidents de la Société, les Présidents des Comités et ceux des Commis-
sions spéciales, qui pourront être nommés au besoin, ne recevront aucune rétribution.
— Les personnes chargées des détails recevront seules des indemnités.

Cotisations et Diplômes.

10o. Tous les membres paient une cotisation annuelle, à l'exception des *Sauveteurs*.
— La Société, ayant des frais considérables à faire pour l'établissement et l'entretien du
matériel de Sauvetage, a divisé ses membres en six classes. — § Ier. La première, appelée *Classe des Protecteurs*, se compose des souverains, des membres des familles
souveraines, des chefs de gouvernement ou autres personnes qui ont versé de 1,000 à
500 francs, et le prix du diplôme, 100 fr. — § II. La seconde, dite *Classe des Bienfaiteurs*, comprend les membres qui font un versement de 500 à 250 fr., diplôme en parchemin, 20 fr. (*) — Les noms des *Protecteurs* et *Bienfaiteurs* sont inscrits sur les co-
lonnes des Sections, surmontées d'un drapeau national de chaque Section. — § III. Les
Associés paient une cotisation annuelle de vingt fr., diplôme, 15 fr. — § IV. Les *Associés adjoints* paient une cotisation annuelle de dix francs, diplôme, 5 francs, et
reçoivent le compte-rendu des travaux. — § V. Les dames sont admises sous le titre
de *Patronesses*. — § VI. Les matelots *Sauveteurs* (**) ne paient aucune cotisation pé-
cuniaire; mais ils contractent, comme membres de la Société, l'obligation de concourir,
par leurs efforts personnels, aux sauvetages. — Le prix des diplômes sera spécialement affecté au matériel de la Société. Tels que bateaux insubmergibles, planches de
sauvetage, radeaux, mortiers, bombes-amarres, fusées, grenadiers de salut, tentes por-
tatives, lits complets, boites de secours aux asphyxiés, baignoires, médicaments, nautiles de sauvetage, etc., etc., etc.

Prix et Récompenses.

11o. La Société propose tous les ans des prix sur les questions relatives aux objets
dont elle s'occupe. — Elle décerne des médailles *d'or, d'argent* ou de *bronze*, des *diplômes
d'honneur* et des *récompenses pécuniaires* à ceux qui aident, par leurs actions, leurs
efforts ou leurs écrits, à l'avancement et aux succès de ses travaux.

Publications.

12o. La Société publie trois feuilles tous les deux mois, renfermant le tableau de ses
travaux, l'extrait des procès-verbaux du Conseil et de sa correspondance avec toutes les
Sociétés de Sauvetage.

NOTA; Les membres des Sections envoient au Secrétaire-Général de la Société tous les documents intéressants et qui ont trait aux sauvetages, aux sinistres, aux actes de dévouement, à l'hydrographie, aux sciences maritimes en général. — Ces documents font la matière essentielle du
Journal de la Société. — Elle accepte les demandes d'échange de publications.

Caisse.

13o. Les fonds provenant des cotisations, diplômes, dons, etc., seront déposés chez
le Banquier ou à la Banque d'où ils seront retirés par le *Directeur* sur ordonnancement
du Conseil Supérieur, signé par le Président du Comité des Finances, ou un membre
du Conseil en son absence, pour être affectés aux différents services des Comités et
des Sections, selon le budget voté annuellement par le Conseil Supérieur.

Paris, délibération du 15 Mai 1839. — Ces Statuts ne peuvent être révisés qu'au 15 Mai
1845, sous peine de nullité.

Observations importantes.

Les Bureaux sont ouverts tous les jours de midi à quatre heures, 31, rue Neuve-des-Mathurins;
— les envois d'argent se font soit par un mandat sur la Poste, soit par un bon sur le Trésor
royal ou des négociants, soit par la voie des Messageries ou Diligences.

LA COTISATION ANNUELLE se verse, au reçu du Diplôme, à la caisse de la Société
ou chez les banquiers des sections.

Les lettres et paquets destinées à la Société doivent être adressés, francs de port,
à M. le Président ou à M. le Secrétaire-général *de la Société, 31, rue Neuve-des-
Mathurins, à Paris.*

(*) Toutes les quittances et autres pièces relatives aux recettes et dépenses de la Société
ne seront valables que lorsqu'elles seront signées par le Secrétaire-Général et le président du
Comité des Finances ou un membre du Conseil Supérieur, en son absence.
Les Diplômes sont une fois payés, ceux en parchemin se paient 10 fr. de plus.

(**) Sont admis SAUVETEURS toutes les personnes qui constatent qu'elles ont sauvé la
vie à leurs semblables en danger de périr dans les flots.

www.ingramcontent.com/pod-product-compliance
Ingram Content Group UK Ltd.
Pitfield, Milton Keynes, MK11 3LW, UK
UKHW022110190726
13855UKWH00002B/774